개정판

Quick Korean

빨리 배우는
한국어

2

KB169896

발간사

최근 K-pop, K-drama 등 한국 문화 콘텐츠의 부상으로 한국과 한국 문화에 대한 관심이 높아지고 있습니다. 이와 함께 한국어는 전 세계에서 가장 많이 학습되는 언어 중의 하나로 자리매김하였으며, 이를 증명하듯 러시아, 인도, 태국, 튀르키예, 헝가리 등 여러 나라에서 한국어를 제2 외국어로 채택하고 있습니다. 이처럼 한국어의 국제적 위상이 높아지고 있는 것은 부정할 수 없는 흐름입니다.

한양대학교 국제교육원에서는 한국어를 배우고 싶어 하는 외국인과 재외 동포들이 흥미를 가지고 보다 쉽게 한국어를 학습할 수 있도록 지속적으로 교재를 발간하고 있습니다. 2023년 개정하여 출판하는 〈빨리 배우는 한국어〉는 2013년 초판을 내놓은 이후 많은 한국어 학습자들이 애용하는 교재였습니다. 지난 10년간의 언어 사용과 사회의 변화를 반영하여 이번 개정판을 발간하게 되어 매우 뜻깊게 생각합니다.

본 교재는 총 2권으로 이루어져 있으며 한국어를 처음 접하는 학습자가 한글 자모 학습부터 시작하여 일상생활에 필요한 한국어 의사소통 능력을 갖추는 것을 목표로 하고 있습니다. 한국의 일상생활에서 사용되는 실제적인 담화 기능과 문법 표현, 어휘를 중심으로 교재를 구성하였으며, 그림이나 사진 등의 매체를 충분히 활용하여 한국어와 한국 문화를 처음 접하는 학습자들도 쉽게 이해할 수 있도록 하였습니다. 또한 한국의 전통문화와 현대 문화를 다채롭게 보여 주는 영상과 텍스트 자료를 QR 코드로 제공하여 한국에 대한 배경지식을 쌓을 수 있도록 하였다는 점도 또 하나의 특징입니다.

국내 최고 수준의 한국어 교육 전문가들이 집필한 〈빨리 배우는 한국어〉를 통해 학습자들이 한국어를 더 쉽고 재미있게 배울 수 있기를 기대합니다. 더

나아가 한국 문화를 깊이 이해하는 데에 본 교재가 작은 발판이 되었으면 하는 바람입니다.

마지막으로 〈빨리 배우는 한국어 1〉을 집필해 주신 김정훈 교수님, 배소영 교수님, 임정남 교수님, 김다원 교수님과 〈빨리 배우는 한국어 2〉를 집필해 주신 이영숙 교수님, 조자현 교수님, 김윤진 교수님, 우주희 교수님의 노고에 진심으로 감사드립니다.

2023. 12.
한양대학교 국제교육원장
최 일 용

Preface

Recently, with the rise of K-pop, K-dramas, and other K-Culture contents, there has been a growing interest towards Korea, Korean culture, and Korean language in general. As evidence of this trend, many countries, including India and Hong Kong, have adopted Korean as their second foreign language. Moreover, Korean has risen to the seventh position as the most widely learned language globally, reflecting the increasing international status of the Korean language.

At Hanyang University's International Education Institute, we are making continuous efforts to publish textbooks that can help foreigners and overseas Koreans who want to learn Korean develop their interest in the Korean language and learn it with more ease.

The <Quick Korean> series, which is scheduled to be revised and re-published in 2023, has been a popular textbook among Korean language learners since its initial release in 2013. The upcoming revised edition is particularly meaningful as it reflects the latest social trends changes that have influenced the use of Korean throughout the past decade.

This textbook consists of two volumes, aiming to help beginners in learning Korean, starting from mastering the Korean alphabet to acquiring practical communication skills required for daily life. It is structured around discourse functions, basic grammar, and vocabularies that are frequently used in the everyday life of Koreans. The use of pictures, photos, and illustrations are maximized to provide concrete information, helping learners who are encountering Korean language and culture for the first time to learn the language and understand Korean culture with more ease. Additionally, the revised edition includes QR codes throughout the entire book, providing video and text-based materials that showcases both the traditional and modern aspects of Korean culture, allowing learners to learn more about Korea and build a solid background for a better learning experience.

Through the <Quick Korean> series, which is authored by leading experts in the field of Korean education and studies, we hope that learners encountering Korean for the first time will find the language easy and enjoyable. Furthermore, we hope this publication serves as an effective stepping stone for them to deepen their understanding of Korea.

Finally, we would like to express our gratitude to the authors who have made great contributions during the creation and publication of this series:
(Volume 1) Professors Jeonghoon Kim, Soyoung Bae, Jungnam Im,
        Dawon Kim
(Volume 2) Professors Youngsuk Lee, Jahyun Cho, Yunjin Kim,
        Juhee Woo.

December 2023
Ilyong Choi
Director, Hanyang Institute of International Education

일러두기

　(개정판)〈빨리 배우는 한국어 2〉는 단기간에 한국어를 쉽고 재미있게 배우고자 하는 외국인과 재외동포를 위한 단기 통합 교재이다. 이 책은, 기초 단계 교재인〈빨리 배우는 한국어 1〉에서 한국어 자모를 익히고 기본적인 의사소통 능력을 기른 학습자들이 인사, 주말 활동, 날짜, 하루의 일과, 명소, 음식, 교통, 쇼핑 등을 주제로 다양한 기능을 익혀 한국 생활에 필요한 의사소통 능력을 기를 수 있도록 하는 데에 목표를 두었다.

● (개정판)〈빨리 배우는 한국어 2〉는 총 10단원으로 구성하였으며 각 단원은 4시간 분량으로 구성하여, 본 교재를 끝내려면 총 40시간이 소요된다.

● 본 교재는 초급 학습자들이 필수적으로 익혀야 하는 주제를 정하고, 그 주제에 따라 소개하기, 설명하기, 주문하기, 교통 시설 이용하기, 쇼핑하기 등의 기능을 익히도록 하였다.

도입 에서는 각 단원의 주제에 맞는 사진을 제시하여 학습을 돕도록 하고, 흥미 유발을 위해 주제 관련 질문을 하며, 학습 목표를 표로 간략히 제시하였다.

어휘 에서는 주제와 관련된 핵심 어휘를 제시하되, 사진이나 삽화를 이용하여 초급 학습자들이 쉽게 배울 수 있도록 하였다. 또한 어휘를 학습한 후에는 배운 어휘로 유의미적 말하기 연습이 이루어지도록 하였다.

문법 에서는 각 단원마다 두 개의 문법을 배우도록 하였다. 예문을 통하여 목표 문법이 어떻게 사용되는지를 보이고, 대화를 통해 담화 안에서 문법을 익히도록 하였다. 좀 더 상세한 문법 설명이 필요한 학습자를 위하여 부록에서 영어, 중국어, 일본어 문법 해설을 덧붙였으며, 이를 쉽게 찾아볼 수 있도록 쪽수를 표기하여 놓았다. (☞ 🇪 115 🀄 121 🇯 127)

대화 에서는 주제와 기능에 맞는 기본 대화를 통해 실제적인 담화를 익히고, 기본 대화를 응용하여 대화를 만들어 봄으로써 실생활에 활용할 수 있는 말하기 연습이 이루어지도록 하였다.

말하기 에서는 주제와 기능에 관련된 과제를 제시하여 기본적인 의사소통 능력을 기를 수 있도록 하였으며, 앞에서 학습한 어휘와 문법을 활용하여 정확성과 유창성을 함께 기를 수 있도록 하였다.

심화 학습-듣기 에서는 다양한 유형의 듣기 담화를 듣도록 하여 구어의 이해 능력뿐만 아니라 구어 사용 능력을 기르도록 하였다.

심화 학습-읽고 쓰기 에서는 단원의 주제와 기능이 포함된 산문을 제시하여 문어 이해 능력과 쓰기 능력을 기르도록 하였다. 읽기는 전 단계, 본 단계, 후 단계 활동으로 구성하였으며, 읽기 후 단계에서는 읽기 텍스트를 응용한 통제된 쓰기를 유도하여 읽기와 쓰기의 통합 활동이 이루어지도록 하였다.

문화 맛보기 에서는 한국인의 여가 활동, 여행 명소와 먹거리 정보, 한국의 교통과 여행 정보 등을 소개하여 한국 문화를 맛보도록 하였다.

부록 에서는 '듣기 지문', '듣기·읽기 정답', '대화문 번역', '문법 해설', '어휘 목록', '어휘 색인'을 두어 교사와 학습자에게 도움이 되도록 하였다.

이 책은 한국어 초급 학습자들의 기본적인 의사소통 능력을 기르는 데에 목표를 두고, 한국어를 단기간에 빨리 배울 수 있도록 만들었을 뿐만 아니라 한국의 대중문화도 함께 배울 수 있도록 내용을 구성하였다. 아무쪼록 이 책이 한국어와 한국 문화를 배우고자 하는 국내외의 많은 사람들에게 두루 활용되기를 기대한다.

How to Use This Book

<Quick Korean 2> is an integrated textbook for foreigners and overseas Koreans who wish to learn Korean in a fun and easy way within a short period. This book aims to help learners who have learned the Korean alphabet and obtained basic conversational skills in <Quick Korean 1> to develop advanced communication skills which they need for everyday life in Korea, covering daily topics such as greetings, weekend plans, time/date, daily routines, attractions, food, transportation, and shopping.

● <Quick Korean 2> consists of 10 units, and each unit lasts for 4 hours, so it takes a total of 40 hours to complete this book.

● This book has set essential topics that beginners of Korean must master, and based on these topics, the book covers various sub-topics and functions such as introducing, explaining, ordering, using transportation facilities, and shopping.

In the <Introduction> section, images suitable for each unit's topics are presented to aid learning, questions are asked to arouse interest, and learning objectives are outlined in a table.

In the <Vocabulary> section, key vocabularies related to the topic are presented. Pictures and illustrations are also used to help beginners learn the words with more ease. It also includes 'Speaking Practice' sessions that can help the learners utilize the vocabularies in practical everyday conversations.

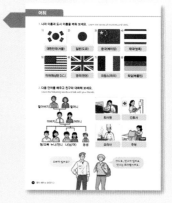

In the <Grammar> section, learners will learn two grammar rules related to the topic of the unit. The sentences provided as an example shall demonstrate how the target grammar is used while providing morphological information. The grammar exercises are designed to help learners learn grammar in discourses that can be found in actual daily conversations. For advanced learners who need further information, detailed explanations will be provided in various languages (English, Chinese, Japanese) at the <Appendix> section. Page indexes are provided for easier access. (☞ 🇪 115 🇨 121 🇯 127)

In the <Conversation> section, practical discourse is learned through basic conversations suitable for each topic and function, wherein these conversations are created by applying basic expressions to conversation practices that can be used in everyday life.

In the <Speaking> section, tasks related to the key topics and functions of the main unit will be presented, enabling learners to improve basic communication skills and use their vocabulary and grammar skills to enhance their accuracy and fluency.

In the <Advanced Learning – Listening> section, learners will be provided with various types of conversations to develop not only the ability to understand spoken language but also to use it.

In the <Advanced Learning – Reading and Writing> section, essays related to the key topics and functions of the main unit shall be presented to cultivate proficiency in reading and writing. It consists of activities in the pre-reading stage, main, and post-reading stages. In the post-reading stage, learners are encouraged to perform integrated reading and writing activities through a set of well-designed/controlled writing activities based on the main text.

The <Taste the Culture> section introduces the cultural aspects of Koreans and the Korean society by providing information related to the leisure of Koreans, tourist attractions, restaurants/food culture, transportation system of Korea, etc.

The <Appendix> section consists of multiple sub-sections such as, <Listening – Scripts>, <Listening & Reading – Answers>, <Dialogue Translation>, <Grammar – Explanations & Details>, <Vocabulary List> and <Vocabulary Index>, to help both the instructors and learners.

This book aims to develop basic communication skills for beginners of the Korean language. It is structured to help them learn the Korean language quickly and introduce them to the popular culture of Korea. We hope that this book can help those who are willing to learn more about Korea, Korean, and Korean culture around the world.

교재 구성표

단원	단원명	목표 어휘	목표 문법	과제
1	저는 일본 도쿄에서 왔어요	1. 나라 이름과 도시 이름 2. 가족과 직업	1. 에서 왔다 2. 도	1. 인사하기 2. 소개하기
2	주말에 어디에 갔어요?	1. 요일 2. 시간 관련 어휘	1. 에 2. –았/었–	1. 주말 이야기하기 2. 지난 일 말하기
3	기숙사에서 생일 파티를 할 거예요	1. 날짜 2. 생일 관련 어휘	1. 하고 2. –(으)ㄹ 거예요	1. 생일 말하기 2. 생일 파티 준비하기
4	몇 시부터 몇 시까지 수업을 해요?	1. 시간 2. 하루 일과 어휘	1. 부터 ~ 까지 2. –(으)려고 하다	1. 하루 일과 말하기 2. 일기 쓰기
5	자전거를 탈 수 있어요?	1. 여가 생활 관련 어휘 2. 서울 명소	1. –(으)ㄹ 수 있다/없다 2. –고 (순차)	1. 약속하기 2. 명소 소개하기
6	비빔냉면은 매워서 못 먹어요	1. 맛 관련 어휘 2. '으' 탈락, 'ㅂ' 불규칙	1. –아/어서 2. 못 ~	1. 메뉴 정하기 2. 맛집 소개하기
7	떡볶이가 맵지만 맛있어요	1. 상차림 관련 어휘 2. 음식 이름	1. –아/어 보다 2. –지만	1. 요리 경험과 맛 표현하기 2. 식당 소개하기
8	지하철로 30분쯤 걸려요	1. 교통수단 관련 어휘 2. 교통 시설 이용 관련 어휘	1. (으)로 2. 에서 ~ 까지	1. 교통편 묻기 2. 서울의 명소 찾아가기
9	백화점에 언니 선물을 사러 가요	1. 쇼핑 장소 2. 물건 종류	1. –(으)러 가다/오다 2. 무슨 ~ ?	1. 쇼핑 계획하기 2. 쇼핑 경험 이야기하기
10	청바지 좀 보여 주세요	1. 의류 관련 어휘 2. 착용 어휘	1. –고 (나열) 2. –아/어 주다	1. 물건 사기 2. 구매 후기 쓰기

Table of Contents

목차 Contents

등장인물 소개

마리
국적: 일본
직업: 간호사

김민기
국적: 한국
직업: 대학생

김지우
국적: 한국
직업: 대학생

닉쿤
국적: 태국
직업: 대학생

조유진
국적: 한국
직업: 선생님

루카스
국적: 독일
직업: 회사원

한나
국적: 미국
직업: 대학생

뱅상
국적: 프랑스
직업: 요리사

장웨이
국적: 중국
직업: 주부

저는 일본 도쿄에서 왔어요

MP3
Streaming

도입	• 이 사람들이 뭘 해요?
	• 여러분 나라에서는 어떻게 인사해요?

학습 목표	어휘	1. 나라 이름과 도시 이름	2. 가족과 직업
	문법	1. 에서 왔다	2. 도
	과제	1. 인사하기	2. 소개하기

1. **나라 이름과 도시 이름을 배워 보세요.** Learn the names of countries and cities.

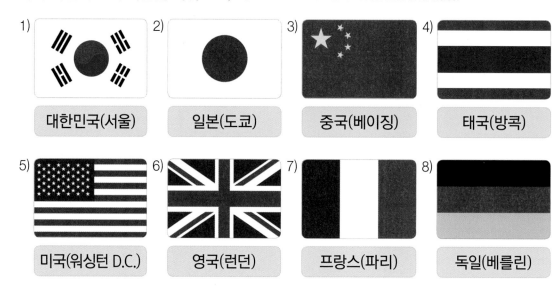

1) 대한민국(서울)
2) 일본(도쿄)
3) 중국(베이징)
4) 태국(방콕)
5) 미국(워싱턴 D.C.)
6) 영국(런던)
7) 프랑스(파리)
8) 독일(베를린)

2. **다음 단어를 배우고 친구와 대화해 보세요.**

Learn the following words and talk with your friends.

할아버지 할머니
아버지 어머니
형/오빠 누나/언니 나(남/여) 동생

회사원
간호사
요리사
주부

오빠가 있어요?

아니요, 언니가 있어요.
언니는 회사원이에요.

1 에서 왔다
E 115쪽 中 121쪽 日 127쪽

❶ 저는 태국 방콕에서 왔어요.

❷ 제니 씨는 호주 시드니에서 왔어요.

1. 다음과 같이 대화해 보세요. Try talking like this.

미국(뉴욕)

한나

보기 가: 한나 씨는 어디에서 왔어요?

나: 미국 뉴욕에서 왔어요.

1)

일본(도쿄)

마리

가: 마리 씨는 어디에서 왔어요?

나: _____.

2)

중국(베이징)

웨이

가: 웨이 씨는 어디에서 왔어요?

나: _____.

3)

독일(베를린)

루카스

가: _____?

나: _____.

4)

태국(방콕)

닉쿤

가: _____?

나: _____.

2. 다음과 같이 친구와 인사해 보세요. Introduce yourself to your friends as below.

안녕하세요? 저는 마리예요.
일본 도쿄에서 왔어요. 저는 간호사예요.
우리 가족은 아버지, 어머니, 남동생이 있어요.
만나서 반가워요.

제1과 저는 일본 도쿄에서 왔어요 **19**

2 도

E 115쪽　**中** 121쪽　**日** 127쪽

❶ 저는 여동생이 있어요. 남동생도 있어요.

❷ 우리 어머니는 한국 영화를 좋아해요. 케이 팝도 좋아해요.

1. 다음과 같이 대화해 보세요. Try talking like this.

보기　가: 언니가 있어요?

나: 네, 언니가 있어요. 오빠도 있어요.

1)

수영　농구

가: 수영을 좋아해요?

나: _____ .

_____ .

2)

할머니　할아버지

가: 할머니가 계세요?

나: _____ .

_____ .

3)

한국어　케이 팝 댄스

가: 요즘 뭘 배워요?

나: _____ .

_____ .

4)

책을 읽다　음악을 듣다

가: 지금 뭐 해요?

나: _____ .

_____ .

2. 무엇을 좋아해요? 이야기해 보세요. What do you like? Talk about it.

1) 과일	❶ 포도를 좋아해요.	❷ 딸기도 좋아해요.
2) 음식		
3) 동물		

마리

닉쿤 씨는 어디에서 왔어요?

닉쿤

저는 태국 방콕에서 왔어요.
마리 씨는 어디에서 왔어요?

마리

저는 일본 도쿄에서 왔어요.
한국에서 한국어를 많이 배우고 싶어요.

닉쿤

저도 한국어를 많이 배우고 싶어요.
그리고 한국 친구도 사귀고 싶어요.

1. 대화를 듣고 질문에 대답해 보세요. Listen to the conversation and answer the following questions.

1) 닉쿤 씨하고 마리 씨는 어디에서 왔어요?

2) 마리 씨는 한국에서 뭘 하고 싶어요?

3) 닉쿤 씨는 한국에서 뭘 하고 싶어요?

2. 친구와 대화해 보세요. Talk with your friends.

	어디에서 왔어요?	뭘 하고 싶어요?
1)	태국 방콕 / 일본 도쿄	한국어를 배우다 / 한국 친구를 사귀다
2)		

가: _____ 씨는 어디에서 왔어요?

나: 저는 _____에서 왔어요. _____ 씨는 어디에서 왔어요?

가: 저는 _____에서 왔어요. 한국에서 _____고 싶어요.

나: 저도 _____고 싶어요. 그리고 _____도 _____고 싶어요.

발음 방콕에서 [방코게서] 많이 [마니] 싶어요 [시퍼요] 단어 배우다 사귀다

1. 다음과 같이 친구를 소개해 보세요. Introduce your friends using the expressions below.

이름	루카스
국적	독일
고향	베를린
직업	회사원

제 친구 이름은 루카스예요.
루카스 씨는 독일 사람이에요.
독일 베를린에서 왔어요.
루카스 씨는 회사원이에요.

제 친구 이름은 한나예요.
한나 씨는 미국 사람이에요.
미국 뉴욕에서 왔어요.
한나 씨는 대학생이에요.

이름	한나
국적	미국
고향	뉴욕
직업	대학생

2. 우리 교실 친구들에 대해 말해 보세요. Talk about your classmates.

1) 교실에 누가 있어요?	2) 어디에서 왔어요?	3) 직업이 뭐예요?	4) 무엇을 좋아해요?
루카스	베를린	회사원	축구, 드라마
마리	도쿄	간호사	게임
닉쿤	방콕	대학생	게임, 케이 팝
뱅상	파리	요리사	케이 팝
한나	뉴욕	대학생	드라마, 영화
_____			
_____			

닉쿤 씨는 대학생이에요.
한나 씨도 대학생이에요.

루카스 씨는 축구를 좋아해요.
드라마도 좋아해요.

마리 씨는 게임을 좋아해요.
닉쿤 씨도 게임을 좋아해요.

1. 듣고 맞는 것을 연결하세요. Listen and match the right options. 🎧 2 ~ 🎧 5

1) 수잔 2) 유진 3) 아유미 4) 가나

• • • •

• • • •

㉮ ㉯ ㉰ ㉱

브라질　　　　홋카이도　　　　호치민　　　　시카고

2. 듣고 맞는 것에 ✔ 하세요. Listen and mark ✔ on the correct option. 🎧 6 ~ 🎧 9

1)

☐　　　☐

2)

☐　　　☐

3)

☐　　　☐

4)

☐　　　☐

3. 듣고 맞으면 ○, 틀리면 ✕ 하세요. Listen and mark ○ if correct and ✕ if incorrect. 🎧 10

1) 아버지는 매일 공원에 가요.　　　(　　)

2) 어머니는 매일 한국 드라마를 봐요.　　　(　　)

3) 언니는 한국 여행을 많이 해요.　　　(　　)

1. **여러분은 무엇을 좋아해요? 한국에서 무엇을 하고 싶어요?**
   What do you like? What would you like to do in Korea?

2. **다음을 읽고 맞으면 ○, 틀리면 ✕ 하세요.**   🎧 11
   Read the following and mark O if correct and ✕ if incorrect.

저는 태국에서 왔어요

여러분, 안녕하세요? 저는 닉쿤이에요. 태국 방콕에서 왔어요. 대학생이에요. 지금은 한국에서 한국어를 배워요. 저는 케이 팝을 아주 좋아해요. BTS의 노래를 좋아해요. BTS의 댄스도 좋아해요. 매일 BTS의 댄스 동영상을 봐요. 한국에서 케이 팝 콘서트에 가고 싶어요. 한국 음식도 많이 먹고 싶어요. 저는 요즘 한국어를 열심히 공부해요.

1) 저는 케이 팝 가수예요.   (   )

2) 저는 BTS의 노래와 춤을 좋아해요.   (   )

3) 저는 한국에서 매일 콘서트에 가요.   (   )

3. **여러분을 소개해 보세요.** Introduce yourself.

저는 _____에서 왔어요

여러분, 안녕하세요? 저는 _____이에요/예요. _____에서

왔어요. _____이에요/예요. 지금은 한국에서 _____아/어요.

저는 _____을/를 아주 좋아해요. _____도

좋아해요. 한국에서 _____고 싶어요. _____도

_____고 싶어요. 저는 요즘 한국어를 열심히 공부해요.

주말에 어디에 갔어요?

MP3
Streaming

| 도입 | • 이 사람들은 뭘 해요? |
| | • 여러분은 주말에 뭘 해요? |

학습 목표	어휘	1. 요일	2. 시간 관련 어휘
	문법	1. 에	2. –았/었–
	과제	1. 주말 이야기하기	2. 지난 일 말하기

1. 다음 단어를 배워 보세요. Learn the following words.

월요일 MON	화요일 TUE	수요일 WEN	목요일 THU	금요일 FRI	토요일 SAT	일요일 SUN
			1	2	3	4
5	6	7	8	9	10	11
12	13	14	15 어제	16 오늘	17 내일	18
19	20	21	22	23	24	25
26	27	28	29	30	31	

➡ 지난주

➡ 이번 주

➡ 다음 주

2. 다음 단어를 배우고 친구와 대화해 보세요.

Learn the following words and talk with your friends.

작년	올해	내년
휴일	주말	방학

오늘은
무슨 요일이에요?

오늘은
금요일이에요.

1 에
E 115쪽 **中** 121쪽 **日** 127쪽

① 토요일에 친구를 만나요.

② 방학에 고향에 가요.

1. 다음과 같이 대화해 보세요. Try talking like this.

보기   가: 언제 영화를 봐요?

        나: 주말에 영화를 봐요.

1)

가: 언제 여행을 가요?

나: _____.

2)

가: 언제 시험이 있어요?

나: _____.

3)

가: 언제 친구를 만나요?

나: _____.

4)

가: 언제 고향에 가요?

나: _____.

2. 언제 무엇을 해요? 친구와 이야기해 보세요.

What do you do and when do you do it? Talk with your friends.

	친구 ❶	친구 ❷
1) 오늘 어디에 가요?		
2) 금요일에 수업이 있어요?		
3) 이번 주말에 무엇을 해요?		
4) 방학에 무엇을 하고 싶어요?		

2 -았/었-  116쪽 122쪽 128쪽

1 어제 만화책을 읽었어요.

2 지하철에 사람이 많았어요.

1. 다음과 같이 대화해 보세요. Try talking like this.

공부하다

보기 가: 지난 주말에 뭘 했어요?

나: 지난 주말에 공부했어요.

1)

치킨을 먹다

가: 어제 뭘 먹었어요?

나: _____.

2)

파티하다

가: 작년 생일에 뭐 했어요?

나: _____.

3)

맛있다

가: 비빔밥이 어땠어요?

나: _____.

4)

아주 좋다

가: 제주도 여행이 어땠어요?

나: _____.

2. 무엇을 했어요? 어땠어요? 친구와 이야기해 보세요.

What did you do? How was it? Talk with your friends.

	친구 ❶	친구 ❷
1) 언제 한국에 왔어요?		
2) 어디에서 처음 한국어를 배웠어요?		
3) 어제 누구를 만났어요?		
4) 지난 주말에 뭐 했어요? 어땠어요?		

12

민기: 마리 씨, 주말에 어디에 갔어요?

마리: 인사동에 갔어요.

민기: 그래요? 인사동에서 뭘 했어요?

마리: 전통차를 마셨어요.
정말 맛있었어요.

1. 대화를 듣고 질문에 대답해 보세요. Listen to the conversation and answer the following questions.

1) 마리 씨는 언제 인사동에 갔어요?

2) 인사동에서 뭘 했어요?

3) 그것이 어땠어요?

2. 친구와 대화해 보세요. Talk with your friends.

	언제	어디에 갔어요?	무엇을 했어요?	어땠어요?
1)	주말에	인사동	전통차를 마시다	맛있다
2)				

가: _____ 씨, _____에 어디에 갔어요?

나: _____에 갔어요.

가: 그래요? _____에서 뭘 했어요?

나: _____았/었어요. 정말 _____았/었어요.

발음	주말에 [주마레] 맛있었어요 [마시써써요]	단어	인사동 전통차

1. 다음을 보고 대화해 보세요. See the picture below and talk about it.

월요일	화요일	수요일	목요일	금요일	토요일	일요일
1 명동 쇼핑	2	3	4	5	6	7 부산 여행
8	9	10 도서관 시험공부	11 시험	⑫ 오늘	13	14

1) 오늘은 무슨 요일이에요?

2) 언제 시험이 있었어요?

3) 언제 시험공부를 했어요?

4) 언제 명동에서 쇼핑했어요?

5) 언제 부산 여행을 했어요?

2. 무엇을 했어요? 아래에 쓰고 친구와 이야기해 보세요.

What did you do? Write below and talk with your friends.

		12:08			65%	
		5월				
월	화	수	목	금	토	일
1 쇼핑	2 친구	3	4	5	6	7
8	9	10	11	⑫ 오늘	13	14

저는 지난주 월요일에 쇼핑했어요. 화요일에는 친구를 만났어요.

1. **듣고 맞는 것을 연결하세요.** Listen and match the right options. (M) 13

1)

루카스

2)

한나

• ㉮ 영화를 봤어요.

• ㉯ 남산에 갔어요.

• ㉰ 집에서 쉬었어요.

• ㉱ 비빔밥을 먹었어요.

2. **듣고 맞는 것에 ✔ 하세요.** Listen and mark ✔ on the correct option. (M) 14 ~ (M) 17

1) 마리 씨는 (☐ 작년에 ☐ 올해) 한국에 왔어요.

2) 닉쿤 씨는 (☐ 지난 주말에 ☐ 어제) 경복궁에 갔어요.

3) 루카스 씨는 (☐ 주말에 ☐ 방학에) 부산에 갔어요.

4) 두 사람은 (☐ 이번 주 토요일에 ☐ 이번 주 일요일에) 영화를 봐요.

3. **듣고 맞으면 ○, 틀리면 ✕ 하세요.** Listen and mark ○ if correct and ✕ if incorrect. (M) 18

1) 작년에 중국에 갔어요.   (   )

2) 중국에서 링링 씨를 만났어요.   (   )

3) 중국 음식이 맛있었어요.   (   )

4) 올해 일본에서 여행했어요.   (   )

5) 일본에서 쇼핑을 많이 했어요.   (   )

1. 여러분은 지난 주말에 뭐 했어요? What did you do last weekend?

2. 다음을 읽고 맞으면 ○, 틀리면 ✕ 하세요. 　🎧 19
　　Read the following and mark ○ if correct and ✕ if incorrect.

주말 이야기

저는 지난 주말에 루카스 씨를 만났어요. 루카스 씨하고 저는 산책을 좋아해요. 그래서 우리는 남산 공원에 갔어요. 공원에 꽃하고 나무가 많았어요. 우리는 공원을 많이 걸었어요. 사진도 찍었어요. 이번 주말에는 하늘 공원에 가고 싶어요.

1) 저는 산책을 좋아해요. 　　　　　　　(　　)

2) 우리는 공원에서 사진을 찍었어요. 　　　(　　)

3) 이번 주말에 남산 공원에 가고 싶어요. 　(　　)

3. 여러분의 지난 주말 이야기를 써 보세요. Write the story of your last weekend.

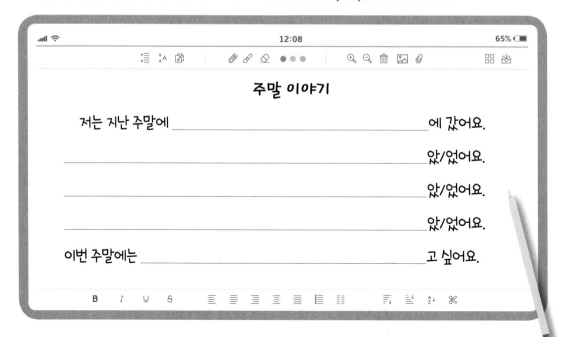

MP3
Streaming

기숙사에서 생일 파티를 할 거예요

| 도입 | • 이 사람들은 지금 뭘 해요? |
| | • 여러분은 생일에 뭘 하고 싶어요? |

학습 목표	어휘	1. 날짜	2. 생일 관련 어휘
	문법	1. 하고	2. -(으)ㄹ 거예요
	과제	1. 생일 말하기	2. 생일 파티 준비하기

1. **다음 단어를 배워 보세요.** Learn the following words.

10	월	화	수	목	금	토	일
	1 일일	2 이일	3 삼일	4 사일	5 오일	6 육일	7 칠일
	8 팔일	9 구일	10 십일	11 십일일	12	13	14
	15 십오일	16	17	18	19	20 이십일	21
	22	23	24	25	26	27	28
	29	30 삼십일	31 삼십일일				

1월 일월
2월 이월
3월 삼월
4월 사월
5월 오월
6월 유월
7월 칠월
8월 팔월
9월 구월
10월 시월
11월 십일월
12월 십이월

오늘이 며칠이에요?

2. **다음 단어를 배우고 친구와 대화해 보세요.**

Learn the following words and talk with your friends.

1) 생일

2) 초대합니다
2023년 6월 2일 (금요일) 오후 7시
초대하다

3) 파티하다

4) 선물하다

생일이 언제예요?

생일에 뭐 해요?

제 생일은
시월 십삼일이에요.

파티를 해요.

1 하고

E 116쪽 中 122쪽 日 128쪽

① 친구하고 농구를 해요.

② 동생하고 산책을 했어요.

1. **다음과 같이 문장을 완성해 보세요.** Complete the sentence as below.

보기 어머니/ 커피를 마시다

➡ 어머니하고 커피를 마셔요.

1)

선생님/ 이야기하다

➡ _____.

2)

남자 친구/ 데이트하다

➡ _____.

3)

형/ 바다에 갔다

➡ _____.

4)

부모님/ 사진을 찍었다

➡ _____.

2. **누구하고 무엇을 해요? 친구와 이야기해 보세요.**

What do you do and with whom do you do it? Talk with your friends.

	친구 ❶	친구 ❷
1) 누구하고 공부해요?		
2) 누구하고 점심을 먹어요?		
3) 친구하고 어디에 가고 싶어요?		
4) 가족하고 무엇을 하고 싶어요?		

문법 2

2 -(으)ㄹ 거예요

E 116쪽 **中** 122쪽 **日** 128쪽

❶ 친구하고 점심을 먹을 거예요.

❷ 토요일에 생일 파티를 할 거예요.

1. 다음과 같이 대화해 보세요. Try talking like this.

보기 가: 주말에 뭐 할 거예요?
　　　나: 집에서 쉴 거예요.

1)

가: 내일 뭐 할 거예요?

나: _____.

2)

가: 친구하고 뭐 할 거예요?

나: _____.

3)

가: 주말에 누구를 만날 거예요?

나: _____.

4)

가: 휴일에 어디에 갈 거예요?

나: _____.

2. 무엇을 할 거예요? 친구와 이야기해 보세요.

What are you going to do? Talk with your friends.

	친구 ❶	친구 ❷
1) 내일 뭐 할 거예요?		
2) 크리스마스에 뭐 할 거예요?		
3) 오늘 누구하고 영화를 볼 거예요?		
4) 방학에 누구하고 여행을 갈 거예요?		

🎧 20

지우

닉쿤 씨는 생일이 언제예요?

닉쿤

3월 5일이에요.
지우 씨는 생일이 언제예요?

지우

저는 6월 10일이에요.
닉쿤 씨는 이번 생일에 뭐 해요?

닉쿤

친구들하고 기숙사에서
생일 파티를 할 거예요.

1. 대화를 듣고 질문에 대답해 보세요. Listen to the conversation and answer the following questions.

1) 닉쿤 씨는 생일이 언제예요?

2) 지우 씨는 생일이 언제예요?

3) 닉쿤 씨는 이번 생일에 뭐 할 거예요?

2. 친구와 대화해 보세요. Talk with your friends.

	생일 ①	생일 ②	누구하고	무엇을 할 거예요?
1)	3월 5일	6월 10일	친구들	생일 파티를 하다
2)				

가: _____ 씨는 생일이 언제예요?

나: _____이에요. _____ 씨는 생일이 언제예요?

가: 저는 _____이에요. _____ 씨는 이번 생일에 뭐 해요?

나: _____하고 _____(으)ㄹ 거예요.

발음 10일이에요 [시비리에요] 할 거예요 [할꺼예요] 단어 기숙사 생일 파티

1. 생일에 무엇을 해요? 이야기해 보세요.

What do you do on your birthday? Talk about it.

☐ 케이크를 사다

☐ 생일 파티를 하다

☐ 음식을 만들다

☐ 생일 선물을 하다
(꽃, 옷, 인형, 화장품…)

☐ 축하 카드를 쓰다

☐ 생일 축하 노래를 하다

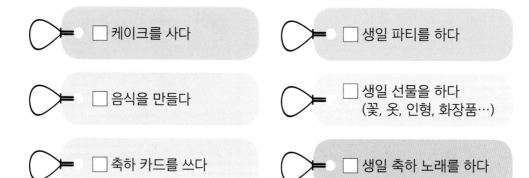

2. 친구의 생일은 언제예요? 무엇을 할 거예요? 이야기해 보세요.

When is your friend's birthday? What are you going to do? Talk about it.

제 친구의 생일은 5월 12일이에요.
친구 생일에 저는 케이크를 살 거예요.
그리고 꽃도 선물할 거예요.

제 친구의 생일은 _____월 _____일이에요.
친구 생일에 저는_____(으)ㄹ 거예요.
그리고_____도_____(으)ㄹ 거예요.

1. **듣고 맞는 것을 연결하세요.** Listen and match the right options. 🎧 21 ~ 🎧 24

1) 마리   2) 루카스   3) 한나   4) 뱅상

⑦   ⓒ   ㉡   ㉣

3월 23일   6월 30일   9월 11일   10월 21일

2. **듣고 맞는 것에 ✓ 하세요.** Listen and mark ✓ on the correct option. 🎧 25 ~ 🎧 28

1) 지우 씨는 (☐ 점심을 먹을 거예요 ☐ 쇼핑을 할 거예요).

2) 민기 씨는 학교에서 (☐ 공부할 거예요 ☐ 운동할 거예요).

3) 루카스 씨는 오늘 (☐ 고향에 갈 거예요 ☐ 비행기표를 살 거예요).

4) 한나 씨는 생일에 (☐ 생일 파티를 할 거예요 ☐ 가족하고 여행을 할 거예요).

3. **듣고 맞으면 ○, 틀리면 ✕ 하세요.** Listen and mark ○ if correct and ✕ if incorrect. 🎧 29

1) 제 생일은 12월 13일이에요.　　　(　　　)

2) 생일에 친구들하고 파티를 할 거예요.　　　(　　　)

3) 점심에 노래방에 갈 거예요.　　　(　　　)

4) 제 친구들은 모두 노래를 좋아해요.　　　(　　　)

1. **여러분의 생일은 언제예요?** When is your birthday?

2. **다음을 읽고 맞으면 ○, 틀리면 ✕ 하세요.**　　　　　　　　　🎧 **30**
Read the following and mark ○ if correct and ✕ if incorrect.

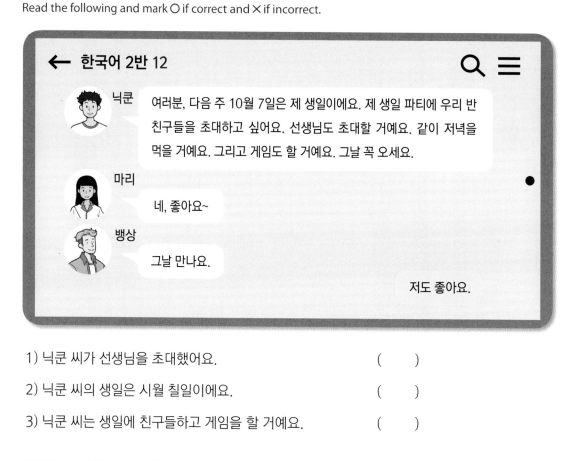

1) 닉쿤 씨가 선생님을 초대했어요.　　　　　　　(　　)

2) 닉쿤 씨의 생일은 시월 칠일이에요.　　　　　　(　　)

3) 닉쿤 씨는 생일에 친구들하고 게임을 할 거예요.　(　　)

3. **생일에 친구들을 초대해 보세요.** Invite your friends over for your birthday.

I Love Korea 여가 생활 – 실내 활동

이 스포츠(E-Sports) ⊘

서바이벌 게임 ⊘

암벽 등반 ⊘

스케이트 ⊘

여가 생활 – 야외 활동

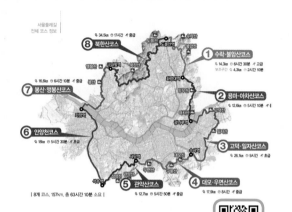

서울 둘레길 〉

서울 도보 해설 관광 〉

스케이트보드 〉

도심 캠핑 〉

MP3
Streaming

몇 시부터 몇 시까지 수업을 해요?

| 도입 | • 이 사람들이 어디에서 뭘 해요? |
| | • 여러분은 매일 어디에서 뭘 해요? |

학습 목표	어휘	1. 시간	2. 하루 일과 어휘
	문법	1. 부터 ~ 까지	2. -(으)려고 하다
	과제	1. 하루 일과 말하기	2. 일기 쓰기

1. 다음 단어를 배워 보세요. Learn the following words.

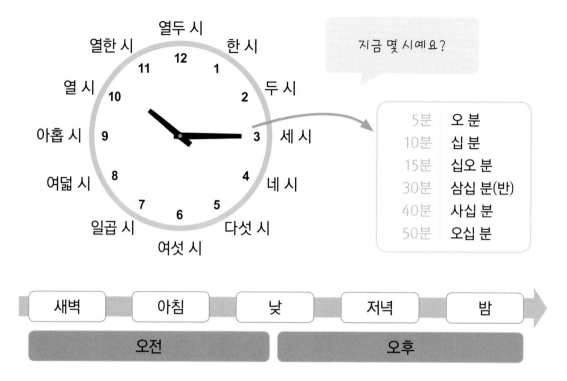

2. 다음 단어를 배우고 친구와 대화해 보세요.

Learn the following words and talk with your friends.

1 부터 ~ 까지   117쪽 123쪽 ⑪ 129쪽

❶ 한국어 수업은 오전 9시부터 12시까지예요.

❷ 저는 월요일부터 금요일까지 일해요.

1. 다음과 같이 문장을 완성해 보세요. Complete the sentence as below.

보기

➡ 아침 여섯 시부터 일곱 시까지 수영을 했어요.

1)

➡ _____ .

2)

➡ _____ .

3)

➡ _____ .

4)

➡ _____ .

2. 언제 해요? 친구와 이야기해 보세요.

When do you do it? Talk with your friends.

	친구 ❶	친구 ❷
1) 몇 시부터 몇 시까지 잠을 자요?		
2) 며칠부터 며칠까지 여행할 거예요?		
3) 언제부터 한국어를 공부했어요?		
4) 언제까지 한국에 있을 거예요?		

2 –(으)려고 하다

1 생일에 친구를 초대하려고 해요.

2 오후에 언니하고 한국 음식을 만들려고 해요.

1. 다음과 같이 대화해 보세요. Try talking like this.

산책을 하다

보기 가: 한강 공원에서 뭐 하려고 해요?

나: 산책을 하려고 해요.

1)

샌드위치를 먹다

가: 저녁에 뭐 먹으려고 해요?

나: _____.

2)

프랑스 여행을 하다

가: 방학에 뭘 하려고 해요?

나: _____.

3)

친구를 만나다

가: 저녁에 누구를 만나려고 해요?

나: _____.

4)

서점에 가다

가: 주말에 어디에 가려고 해요?

나: _____.

2. 휴일에 무엇을 하려고 해요? 친구와 이야기해 보세요.

What are you going to do on a holiday? Talk with your friends.

	친구 ❶	친구 ❷
1) 어디에 가려고 해요?		
2) 몇 시에 가려고 해요?		
3) 누구하고 가려고 해요?		
4) 뭘 하려고 해요?		

민기 한나 씨, 몇 시부터 몇 시까지 한국어 수업을 해요?

한나 오전 9시부터 12시까지 해요.

민기 오늘 오후에 뭐 할 거예요?

한나 웨이 씨하고 집 근처에서 산책하려고 해요.

1. **대화를 듣고 질문에 대답해 보세요.** Listen to the conversation and answer the following questions.

   1) 한나 씨는 몇 시부터 한국어 수업을 해요?

   2) 한나 씨는 한국어 수업이 몇 시에 끝나요?

   3) 한나 씨는 오후에 누구하고 무엇을 하려고 해요?

2. **친구와 대화해 보세요.** Talk with your friends.

	몇 시 부터 ~ 몇 시 까지	무엇을 해요?	누구하고	뭘 하려고 해요?
1)	오전 9시 ~ 12시	한국어 수업을 하다	웨이 씨	산책하다
2)				

가: _____ 씨, 몇 시부터 몇 시까지 _____아/어요?

나: _____ 시부터 _____ 시까지 _____아/어요.

가: 오늘 오후에 뭐 할 거예요?

나: _____하고_____(으)려고 해요.

발음 몇 시 [멷씨] 산책하려고 [산채카려고]   단어 오전 오후 근처 산책하다

1. **다음을 보고 친구와 이야기해 보세요.** Look at the following and talk with your friends.

몇 시부터 몇 시까지
운동을 해요?

오전 9시부터 11시까지
운동을 해요.

2. **자신의 하루 일과를 쓰고 이야기해 보세요.** Write and talk about your daily routine.

저는 아침 7시에 일어나요.
8시에 아침을 먹어요.
(…)
밤 11시에 잠을 자요.

1. 듣고 맞는 것을 고르세요. Listen and choose the right option. 🎧 32 ~ 🎧 34

1) 보통 몇 시에 일어나요?

① **05:50** ② **05:30** ③ **06:30**

2) 두 사람은 몇 시에 만날 거예요?

① **13:00** ② **14:00** ③ **16:00**

3) 학생 식당은 점심에 몇 시까지 해요?

① **12:00** ② **14:00** ③ **16:00**

2. 듣고 맞는 것에 ✔ 하세요. Listen and mark ✔ on the correct option. 🎧 35 ~ 🎧 38

1) 마리 씨는 (☐ 지난달 ☐ 작년)부터 한국어 공부를 시작했어요.

2) 한나 씨는 (☐ 07:00 ☐ 19:00)부터 (☐ 09:00 ☐ 21:00)까지 운동을 해요.

3) 뱅상 씨는 (☐ 14:00 ☐ 16:00)부터 (☐ 17:00 ☐ 19:00)까지 도서관에서 공부해요.

4) 닉쿤 씨는 다음 주 (☐ 수요일 ☐ 목요일)부터 (☐ 금요일 ☐ 토요일)까지 고향에 있어요.

3. 듣고 맞는 번호를 쓰세요. Listen and write the correct number. 🎧 39

1) 부산 여행 (　　)

2) 제주도 여행 (　　)

3) 서울 구경 (　　)

월	화	수	목	금	토	일
		①			②	
③ 오늘						

1. 여러분은 일기를 써요? Do you keep a diary?

2. 다음을 읽고 맞으면 ◯, 틀리면 ✕ 하세요. 🎧 40
Read the following and mark ◯ if correct and ✕ if incorrect.

⇒ **5월 16일 월요일** 날씨: ☀

오늘 아홉 시부터 열두 시까지 한국어 수업을 했어요. 한국어 공부가 재미있었어요. 내일은 발표 수업이 있어요. 그래서 친구하고 카페에서 말하기 연습을 했어요. 저녁 일곱 시부터 여덟 시까지 요가를 했어요. 밤 아홉 시에 집에 왔어요. 오늘은 조금 피곤해요. 그래서 일찍 자려고 해요.

1) 저는 아침 9시부터 12시까지 한국어를 배웠어요. (   )

2) 저는 저녁 7시까지 요가를 했어요. (   )

3) 저는 밤에 집에서 말하기 연습을 했어요. (   )

3. 일기를 써 보세요. Keep a diary.

⇒ _____ 월 _____ 일 _____ 요일 날씨:

오늘 _____ 았/었어요.

_____

_____

_____

_____

자전거를 탈 수 있어요?

MP3
Streaming

도입	• 이 사람들이 뭐 해요?
	• 여러분은 휴일에 뭐 해요?

학습 목표	어휘	1. 여가 생활 관련 어휘	2. 서울 명소
	문법	1. –(으)ㄹ 수 있다/없다	2. –고 (순차)
	과제	1. 약속하기	2. 명소 소개하기

1. 다음 단어를 배워 보세요. Learn the following words.

1)

구경하다

2)

산책하다

3)

기념품을 사다

4)

맛집에 가다

5)

사진을 찍다

6)

공연을 보다

2. 다음 단어를 배우고 친구와 대화해 보세요.
Learn the following words and talk with your friends.

1)

경복궁

2)

남산서울타워

3)

성수동

4)

삼청동

5)

코엑스몰

6)

홍대 입구

우리 뭐 할까요?

남산서울타워에서 경치를 구경해요.

1 –(으)ㄹ 수 있다/없다　　　　🇪 117쪽　🀄 123쪽　🇯 129쪽

❶ 저는 한글을 읽을 수 있어요.

❷ 오늘은 만날 수 없어요.

1. 다음과 같이 대화해 보세요. Try talking like this.

케이 팝을 부르다

보기　가: 케이 팝을 부를 수 있어요?

나: ① 네, 케이 팝을 부를 수 있어요.

　　② 아니요, 케이 팝을 부를 수 없어요.

1) 피아노를 치다

가: _____?

나: 아니요, _____.

2) 수영하다

가: _____?

나: 네, _____.

3) 운전하다

가: _____?

나: 네, _____.

4) 한국 음식을 만들다

가: _____?

나: 아니요, _____.

2. 다음과 같이 친구와 대화해 보세요. Talk with your friends using the expressions below.

오후에 같이 운동할 수 있어요?　　　　수업이 있어요. 그래서 같이 운동할 수 없어요.

1) 오후에 같이 운동하다	☑ 수업이 있다　☐ 숙제가 많다
2) 오늘 같이 저녁을 먹다	
3) 내일 친구의 생일 파티에 가다	☐ 약속이 있다　☐ 아르바이트가 있다
4) 주말에 같이 영화를 보다	

문법 2

2 -고

E 117쪽 **中** 123쪽 **日** 129쪽

❶ 손을 씻고 밥을 먹어요.

❷ 어제 저녁에 드라마를 보고 산책했어요.

1. 다음과 같이 대화해 보세요. Try talking like this.

운동하다
→ 학교에 가다

보기　가: 아침에 보통 뭐 해요?

나: 운동하고 학교에 가요.

1)

밥을 먹다
→ 텔레비전을 보다

가: 저녁에 뭐 해요?

나: _____.

2)

쇼핑하다
→ 맛집에 가다

가: 주말에 뭐 했어요?

나: _____.

3)

영화를 보다
→ 커피를 마시다

가: 어제 뭐 했어요?

나: _____.

4)

숙제하다
→ 집에 가다

가: 수업 끝나고 뭐 할 거예요?

나: _____.

2. 지난 주말에 무엇을 했어요? 친구와 이야기해 보세요.

What did you do last weekend? Talk with your friends.

지난 일요일에 오전에는 경복궁을 구경하고 오후에는 맛집에 갔어요.

	오전		오후
친구 ❶		➡	
친구 ❷		➡	

루카스

한나 씨, 자전거를 탈 수 있어요?

한나

네, 잘 타요. 가끔 집 근처에서 자전거를 타요.

루카스

그럼 오늘 서울숲에서 자전거를 탈까요?

한나

좋아요. 수업 끝나고 같이 가요.

1. 대화를 듣고 질문에 대답해 보세요. Listen to the conversation and answer the following questions.

1) 한나 씨는 자전거를 탈 수 있어요?

2) 한나 씨는 가끔 어디에서 자전거를 타요?

3) 두 사람은 오늘 수업이 끝나고 뭐 할 거예요?

2. 친구와 대화해 보세요. Talk with your friends.

	뭘 할 수 있어요?	어디에서	뭘 할까요?	언제
1)	자전거를 타다	서울숲	자전거를 타다	수업 끝나다
2)				

가: _____ 씨, _____(으)ㄹ 수 있어요?

나: 네, 잘 _____아/어요. 가끔 _____아/어요.

가: 그럼 오늘 _____에서 _____(으)ㄹ까요?

나: 좋아요. _____고 같이 가요.

발음 탈 수 있어요 [탈쑤이써요] 서울숲에서 [서울수페서] 끝나고 [끈나고] **단어** 자전거 가끔 끝나다

1. 한국은 어디가 유명해요? 그곳에서 무엇을 할 수 있어요?

Do you know any famous landmarks in Korea? What can you do there?

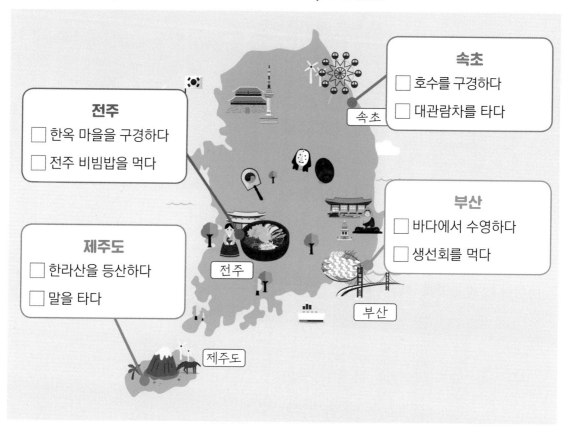

속초
- ☐ 호수를 구경하다
- ☐ 대관람차를 타다

속초

전주
- ☐ 한옥 마을을 구경하다
- ☐ 전주 비빔밥을 먹다

부산
- ☐ 바다에서 수영하다
- ☐ 생선회를 먹다

제주도
- ☐ 한라산을 등산하다
- ☐ 말을 타다

전주

부산

제주도

2. 여러분의 고향은 어디가 유명해요? 거기에서 무엇을 할 수 있어요?

What is your hometown famous for? What can you do there?

고향	베트남 다낭
☐	바다를 구경하다
☐	스노클링을 하다

제 고향은 베트남 다낭이에요.
거기에서 바다를 구경할 수 있어요.
스노클링도 할 수 있어요.

고향	
☐	
☐	

제 고향은 _____ 이에요/예요.
거기에서 _____ (으)ㄹ 수 있어요.
_____도 _____ (으)ㄹ 수 있어요.

1. 듣고 맞는 것에 ✔ 하세요. Listen and mark ✔ on the correct option.   〔M〕42 ~ 〔M〕45

1) 한나 씨는 김치를 (☐ 먹을 수 있어요 ☐ 먹을 수 없어요).

2) 닉쿤 씨는 토요일에 영화를 (☐ 볼 수 있어요 ☐ 볼 수 없어요).

3) 여기에서 사진을 (☐ 찍을 수 있어요 ☐ 찍을 수 없어요).

4) 두 사람은 오늘 (☐ 만날 수 있어요 ☐ 만날 수 없어요).

2. 듣고 할 수 있으면 ○, 할 수 없으면 ✕ 하세요.   〔M〕46 ~ 〔M〕49
Listen and mark ○ if possible and ✕ if impossible.

1) (   )   (   )

2) (   )   (   )

3) (   )   (   )

4) (   )   (   )

3. 듣고 맞으면 ○, 틀리면 ✕ 하세요.   〔M〕50
Listen and mark ○ if correct and ✕ if incorrect.

1) 고향 친구하고 삼청동을 구경했어요.   (   )

2) 저는 김치찌개를 먹을 수 있어요.   (   )

3) 우리는 기념품을 사고 갈비탕을 먹었어요.   (   )

1. 여러분은 한국에서 어디에 갔어요? Where have you been in Korea?

2. 다음을 읽고 맞으면 ○, 틀리면 ✕ 하세요. Ⓜ 51
Read the following and mark ○ if correct and ✕ if incorrect.

대학로에 갔어요

저는 어제 친구하고 같이 대학로에 갔어요. 대학로를 구경했어요. 사람들이 아주 많았어요. 대학로에서 거리 공연을 볼 수 있었어요. 가수가 기타를 쳤어요. 춤도 췄어요. 정말 멋있었어요. 사람들이 박수를 많이 쳤어요. 우리는 공연을 보고 저녁을 먹었어요.

1) 어제 대학로에 사람이 많았어요. ( )

2) 어제 친구가 대학로에서 거리 공연을 했어요. ( )

3) 저는 대학로에서 저녁을 먹고 공연을 봤어요. ( )

3. 여러분은 어디에 갔어요? 거기에서 무엇을 했어요? 써 보세요.
Where have you been? What did you do there? Write it down.

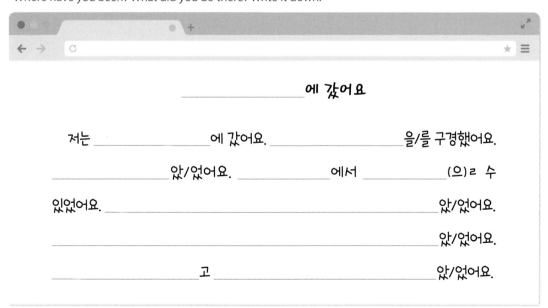

_____에 갔어요

저는 _____에 갔어요. _____을/를 구경했어요.

_____았/었어요. _____에서 _____(으)ㄹ 수 있었어요. _____았/었어요.

_____았/었어요.

_____고 _____았/었어요.

제6과

비빔냉면은 매워서 못 먹어요

도입	• 여기는 어디예요? 이 사람들이 뭘 먹어요?
	• 여러분은 뭘 좋아해요?

학습 목표	어휘	1. 맛 관련 어휘	2. '으' 탈락, 'ㅂ' 불규칙
	문법	1. –아/어서	2. 못 ~
	과제	1. 메뉴 정하기	2. 맛집 소개하기

1. 다음 단어를 배워 보세요. Learn the following words.

1) 싱겁다 / 짜다

2) 시다

3) 쓰다 / 달다

4) 맵다

2. 다음 음식 사진을 보고 친구와 대화해 보세요.

Look at the following images of foods and talk about it with your friends.

〈'으' 탈락〉

• 쓰다 → 써요
　　　→ 썼어요

〈'ㅂ' 불규칙〉

• 맵다 → 매워요
　　　→ 매웠어요

떡볶이가 어때요?

조금 매워요.

1 -아/어서

E 118쪽 中 124쪽 日 130쪽

❶ 한국 드라마를 좋아해서 매일 봐요.

❷ 티셔츠가 예뻐서 샀어요.

1. 다음과 같이 대화해 보세요. Try talking like this.

멋있다

보기 가: 왜 그 가수를 좋아해요?

나: 멋있어서 좋아해요.

1)
아르바이트가 있다

가: 왜 여행을 갈 수 없어요?

나: _____.

2)
덥다

가: 왜 창문을 열었어요?

나: _____.

3)
머리가 아프다

가: 왜 약을 먹어요?

나: _____.

4)
친구 생일이다

가: 왜 장미꽃을 샀어요?

나: _____.

2. 다음에 대해 친구와 대화해 보세요.

Talk with your friends about the following topic.

	친구 ❶	친구 ❷
1) 왜 한국 드라마를 좋아해요?		
2) 왜 약속에 늦었어요?		
3) 어제 왜 집에 일찍 갔어요?		
4) 어디에서 쇼핑해요? 왜 거기에서 해요?		

2 못 ~

E 118쪽 **中** 124쪽 **日** 130쪽

❶ 바빠서 아침을 못 먹어요.

❷ 피곤해서 운동을 못 했어요.

1. 다음과 같이 대화해 보세요. Try talking like this.

배가 아프다

보기　가: 점심을 먹었어요?

　　　　나: 아니요. 배가 아파서 못 먹었어요.

1)

맵다

가: 김치를 잘 먹어요?

나: 아니요. _____.

2)

비가 오다

가: 지난 주말에 등산을 했어요?

나: 아니요. _____.

3)

비싸다

가: 어제 노트북을 샀어요?

나: 아니요. _____.

4)

숙제가 많다

가: 오늘 친구를 만나요?

나: 아니요. _____.

2. 무엇을 잘해요, 못해요? 친구와 이야기해 보세요.

What are you good or bad at? Talk with your friends.

1) ☐ 수영　　☐ 태권도

2) ☐ 중국어　☐ 일본어

3) ☐ 운전　　☐ 요리

수영을 잘해요?

① 네, 잘해요.
② 아니요, 잘 못해요.
③ 아니요, 못해요.

마리
민기 씨, 이 식당은 뭐가 맛있어요?

 민기
비빔냉면이 맛있어요.
저는 비빔냉면을 먹으려고 해요.

 마리
저는 비빔냉면은 매워서 못 먹어요.

 민기
그럼 물냉면을 시켜요.
물냉면은 안 매워요.

물냉면 ₩13,000
비빔냉면 ₩13,000

1. 대화를 듣고 질문에 대답해 보세요. Listen to the conversation and answer the following questions.

1) 이 식당은 뭐가 맛있어요?

2) 민기 씨는 뭘 시키려고 해요?

3) 마리 씨는 왜 비빔냉면을 못 먹어요?

2. 친구와 대화해 보세요. Talk with your friends.

	뭐가 맛있어요?	왜 못 먹어요?	뭘 시켜요?
1)	비빔냉면	맵다	물냉면
2)			

가: _____ 씨, 이 식당은 뭐가 맛있어요?

나: _____이/가 맛있어요. 저는 _____을/를 먹으려고 해요.

가: 저는 _____은/는 _____아/어서 못 먹어요.

나: 그럼 _____을/를 시켜요. _____은/는 _____아/어요.

발음 못 먹어요 [몬머거요]　물냉면 [물랭면]　　**단어** 비빔냉면　물냉면　시키다

1. **다음을 보고 친구와 이야기해 보세요.** Look at the following and talk with your friends.

외국인이 좋아하는 **한국 길거리 음식**

1 떡볶이
2 닭꼬치
3 김밥
4 순대
5 호떡
6 어묵
7 핫도그
8 붕어빵
9 만두

1) 길거리 음식을 자주 먹어요? 뭘 좋아해요?

2) 여러분 나라의 길거리 음식은 뭐가 맛있어요?

2. **여러분은 무엇을 좋아해요? 다음과 같이 이야기해 보세요.**
What do you like? Talk about it as below.

저는 호떡을 좋아해요. 맛이 달아서 좋아해요.
하지만 순대는 못 먹어요.
무슬림이어서 돼지고기를 먹을 수 없어요.

저는 _____을/를 좋아해요. _____아/어서 좋아해요.
하지만 _____은/는 못 먹어요.
_____아/어서 _____을/를 먹을 수 없어요.

1. 듣고 맞는 것을 연결하세요. Listen and match the right options.　　🎧 53 ~ 🎧 56

1) 루카스

2) 지우

3) 민기

4) 한나

㉮　　　　　㉯　　　　　㉰　　　　　㉱

머리가 아팠어요.　일이 많아요.　약속이 있어요.　버스가 안 왔어요.

2. 무엇을 못 해요? 맞는 것에 ✔ 하세요.　　🎧 57 ~ 🎧 60

What can't you do? Mark ✔ on the thing that you can't do.

1) ☐　☐

2) ☐　☐

3) 영어 ☐　중국어 ☐

4) ☐　☐

3. 듣고 맞으면 ○, 틀리면 ✕ 하세요. Listen and mark ○ if correct and ✕ if incorrect.　　🎧 61

1) 저는 점심에 돈가스를 먹었어요.　　　　(　　　)

2) 반찬이 너무 짜서 물을 많이 마셨어요.　　(　　　)

3) 학생 식당의 음식은 값이 싸요.　　　　　(　　　)

1. 여러분은 어느 식당에 자주 가요? 그 식당이 어때요?
Which restaurant do you usually go to? How is that restaurant?

2. 다음을 읽고 맞으면 ○, 틀리면 ✕ 하세요.   (M) 62
Read the following and mark ○ if correct and ✕ if incorrect.

나의 맛집 – 고궁

👤 한나의 일기장   20XX. 6. 20.   URL 복사   [+ 이웃 추가] ⋮

친구하고 저는 인터넷에서 맛집을 찾았어요. 식당 이름은 '고궁'이에요. 그 식당은 경복궁 근처에 있어요. 친구하고 저는 그 식당에 갔어요. 사람이 많아서 많이 기다렸어요. 우리는 삼계탕을 시켰어요. 정말 맛있었어요. 하지만 양이 많아서 다 못 먹었어요. 우리는 식사하고 경복궁을 구경했어요.

1) 그 식당은 경복궁 근처에 있어요.   (   )

2) 음식이 맛있어서 다 먹었어요.   (   )

3) 우리는 삼계탕을 먹고 경복궁에 갔어요.   (   )

3. 여러분이 좋아하는 맛집은 어디예요? 써 보세요. Where is your favorite restaurant? Write it down.

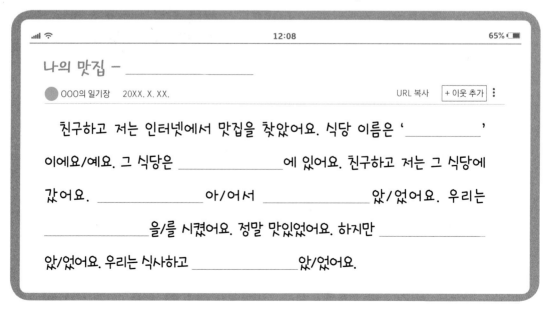

나의 맛집 – _____

⬤ OOO의 일기장   20XX. X. XX.   URL 복사   [+ 이웃 추가] ⋮

친구하고 저는 인터넷에서 맛집을 찾았어요. 식당 이름은 '_____' 이에요/예요. 그 식당은 _____에 있어요. 친구하고 저는 그 식당에 갔어요. _____아/어서 _____았/었어요. 우리는 _____을/를 시켰어요. 정말 맛있었어요. 하지만 _____ 았/었어요. 우리는 식사하고 _____았/었어요.

I Love Korea 한국인의 소울 푸드(Soul Food)

삼겹살 ⊙

치킨 ⊙

냉면 ⊙

떡볶이 ⊙

김치찌개 ⊙

부대찌개 ⊙

I Love Korea! 맛 기행 – 전국 대표 음식

경기도
수원 왕갈비

강원도
속초 오징어순대

충청도
태안 꽃게장

경상도
안동 찜닭

전라도
전주 비빔밥

부산 밀면

광양 불고기

©네이버 블로그
21세기IT천국

제주도
갈치 구이

떡볶이가 맵지만 맛있어요

MP3
Streaming

| 도입 | • 이 사람들이 무엇을 만들어요? |
| | • 여러분은 한국 음식을 만들 수 있어요? |

학습 목표	어휘	1. 상차림 관련 어휘	2. 음식 이름
	문법	1. –아/어 보다	2. –지만
	과제	1. 요리 경험과 맛 표현하기	2. 식당 소개하기

1. 한국 상차림을 보고 단어를 배워 보세요.

Learn Korean vocabularies by looking at the Korean table settings.

반찬

밥

국

숟가락, 젓가락

2. 다음 단어를 배우고 친구와 대화해 보세요.

Learn the following words and talk with your friends.

1) 비빔밥
2) 불고기
3) 파전
4) 잡채
5) 김치찌개
6) 삼계탕
7) 찜닭
8) 떡볶이

무엇을 좋아해요?

김치찌개를 좋아해요.

김치찌개를 만들 수 있어요?

네, 김치찌개를 만들 수 있어요.

1 -아/어 보다

E 118쪽 中 124쪽 日 130쪽

❶ 부산에 한번 가 보세요.

❷ 저는 잡채를 먹어 봤어요.

1. 다음과 같이 대화해 보세요. Try talking like this.

가다

보기 가: 제주도가 어때요?
나: 바다가 정말 아름다워요. 한번 가 보세요.

1) 배우다

가: 태권도가 어때요?
나: 재미있어요. _____.

2) 듣다

가: 그 음악이 어때요?
나: 정말 좋아요. _____.

3) 마시다

가: 주스가 맛있어요?
나: 네. _____.

4) 읽다

가: 그 책이 재미있어요?
나: 네. _____.

2. 어디에서 무엇을 해 봤어요? 친구와 같이 이야기해 보세요.

Where have you been and what did you do there? Talk with your friends.

저는 베트남 다낭에 가 봤어요.
거기에서 스노클링을
해 봤어요.

☐ 가다   ☐ 먹다   ☐ 마시다   ☐ _____

☐ 하다   ☐ 타다   ☐ 입다   ☐ _____

2 -지만

E 118쪽 中 124쪽 日 130쪽

❶ 갈비는 맛있지만 비싸요.

❷ 지금 한국은 춥지만 제 고향은 따뜻해요.

1. 다음과 같이 대화해 보세요. Try talking like this.

 어렵다  재미있다

보기 가: 한국어 공부가 어때요?

나: 어렵지만 재미있어요.

1)

 예쁘다 / 비싸다

가: 이 옷이 어때요?

나: _____.

2)

 맵다 / 맛있다

가: 김치찌개가 어때요?

나: _____.

3)

 재미있다 / 무섭다

가: 영화가 어땠어요?

나: _____.

4)

 사람이 많다 / 정말 좋다

가: 콘서트가 어땠어요?

나: _____.

2. 다음과 같이 친구와 대화해 보세요. Talk with your friends using the expressions below.

1) 말하기	↔	쓰기	쉽다 / 어렵다
2) 옷	↔	과일	싸다 / 비싸다
3) 고기	↔	야채	좋아하다 / 싫어하다
4) 운동	↔	공부	잘하다 / 못하다

말하기는 쉽지만
쓰기는 어려워요.

_____은/는 _____지만
_____은/는 _____아/어요.

뱅상

웨이 씨, 이 떡볶이 한번 먹어 보세요.

웨이

와, 뱅상 씨가 떡볶이를 만들 수 있어요?

뱅상

오늘 처음 만들어 봤어요. 맛이 어때요?

웨이

조금 맵지만 정말 맛있어요.

1. 대화를 듣고 질문에 대답해 보세요. Listen to the conversation and answer the following questions.

1) 뱅상 씨는 뭘 만들었어요?

2) 뱅상 씨는 그 음식을 자주 만들어요?

3) 그 음식 맛이 어때요?

2. 친구와 대화해 보세요. Talk with your friends.

	뭘 해 봐요?	맛이 어때요?
1)	떡볶이 / 먹다	조금 맵다 / 정말 맛있다
2)		

가: _____ 씨, 이 _____ 한번 _____아/어 보세요.

나: 와, _____ 씨가 _____을/를 만들 수 있어요?

가: 오늘 처음 만들어 봤어요. 맛이 어때요?

나: _____지만 _____아/어요.

발음 떡볶이 [떡뽀끼] 만들 수 있어요 [만들쑤이써요]   **단어** 처음 조금 정말

1. 다음 식당 정보를 보고 이야기해 보세요.

Read the following information of a restaurant and talk about it.

〈그린식당〉

야채 비빔밥이 유명해요.

김치볶음밥도 맛있어요.

하지만 식당이 좀 작아요.

〈학생 식당〉

김밥이 맛있어요.

가격도 정말 싸요.

하지만 사람이 많아요.

〈맛있다 치킨〉

식당이 깨끗해요.

사장님도 친절해요.

하지만 조금 비싸요.

1) 이 식당은 무엇이 좋아요? 무엇이 안 좋아요?

2) 여러분은 어느 식당에 가고 싶어요?

2. 여러분은 어느 식당에 자주 가요? 식당을 소개해 보세요.

Which restaurant do you often go to? Introduce the restaurant.

식당 이름	**한양식당**
위치	한양대 앞
☹	가격이 조금 비싸요.
😋	삼겹살이 정말 맛있어요.

식당 이름	
위치	
☹	
😋	

저는 한양식당에 자주 가요.
한양식당은 한양대 앞에 있어요.
거기는 가격이 조금 비싸지만
삼겹살이 정말 맛있어요.
여러분도 한번 가 보세요.

저는 _____에 자주 가요.
_____ 은/는 _____에 있어요.
거기는 _____지만
_____ 아/어요.
여러분도 한번 가 보세요.

1. 듣고 맞는 것에 ✔ 하세요. Listen and mark ✔ on the correct option. ⓜ 64 ~ ⓜ 67

1) 주스를 (☐ 마셔 보세요 ☐ 만들어 보세요).

2) 책을 (☐ 사 보세요 ☐ 읽어 보세요).

3) 유람선을 (☐ 타 보세요 ☐ 구경해 보세요).

4) 경복궁에서 (☐ 산책을 해 보세요 ☐ 사진을 찍어 보세요).

2. 듣고 맞는 것에 ✔ 하세요. Listen and mark ✔ on the correct option. ⓜ 68 ~ ⓜ 71

1) 마리 씨는 (☐ 기숙사에 ☐ 친구 집에) 살아요.

집이 (☐ 작지만 ☐ 크지만) 아주 (☐ 깨끗해요 ☐ 더러워요).

2) 닉쿤 씨는 (☐ 영화를 봤어요 ☐ 한국어를 공부했어요).

(☐ 재미없지만 ☐ 재미있지만) 조금 (☐ 어려워요 ☐ 쉬워요).

3) 루카스 씨는 (☐ 여행했어요 ☐ 등산했어요).

(☐ 안 피곤했지만 ☐ 피곤했지만) (☐ 재미있었어요 ☐ 재미없었어요).

4) 한나 씨는 (☐ 옷을 샀어요 ☐ 가방을 샀어요).

(☐ 비싸지만 ☐ 싸지만) 아주 (☐ 예뻐요 ☐ 안 예뻐요).

3. 듣고 맞으면 ◯, 틀리면 ✕ 하세요. Listen and mark ◯ if correct and ✕ if incorrect. ⓜ 72

1) 토요일에 친구하고 홍대 입구에 갔어요.　　　(　　)

2) 청바지가 비쌌지만 예뻐서 샀어요.　　　(　　)

3) 떡볶이가 매워서 안 먹었어요.　　　(　　)

1. **여러분은 한국 음식을 만들어 봤어요? 무엇을 만들고 싶어요?**
Have you ever made Korean food? What do you want to cook?

2. **다음을 읽고 맞으면 ◯, 틀리면 ✕ 하세요.**　　　　　　　Ⓜ 73
Read the following and mark ◯ if correct and ✕ if incorrect.

좋아요 4,188개

\# 나의 유학 일기
\# 불고기 \# 잡채

저는 오늘 한국 음식을 처음 만들어 봤어요. 인터넷 동영상을 보고 불고기하고 잡채를 만들었어요.
　제가 한국말을 잘 못해서 만들기가 어려웠어요. 그래서 동영상을 여러 번 보고 만들었어요. 불고기는 만들기가 조금 쉬웠지만 잡채는 만들기가 어려웠어요. 음식 사진을 찍고 먹어 봤어요. 정말 맛있었어요.

1) 저는 불고기를 많이 만들어 봤어요.　　　　　　　(　　)

2) 한국말을 못해서 만들기가 어려웠어요.　　　　　　(　　)

3) 불고기는 만들기가 어려웠지만 정말 맛있었어요.　　(　　)

3. **한국 음식을 만들어 보고 써 보세요.** Cook Korean food and write about it.

📶 🛜　　　　　　　　　12:08　　　　　　　　　65% 🔋

저는 오늘 한국 음식을 처음 만들어 봤어요. 인터넷

동영상을 보고 ＿＿＿＿＿＿하고 ＿＿＿＿＿＿을/를

＿＿＿＿＿＿았/었어요.

　제가 한국말을 잘 못해서 ＿＿＿＿＿＿았/었어요.

＿＿＿＿＿＿은/는 만들기가 ＿＿＿＿＿＿지만

＿＿＿＿＿＿은/는 만들기가 ＿＿＿＿＿＿았/었어요.

＿＿＿＿＿＿았/었어요.

정말 맛있었어요.

좋아요 4,188개
\# 나의 유학 일기
\# ＿＿＿＿ \# ＿＿＿＿

MP3
Streaming

지하철로 30분쯤 걸려요

도입	• 여기는 어디예요?
	• 집 근처에 지하철역이 있어요?

학습 목표	어휘	1. 교통수단 관련 어휘	2. 교통 시설 이용 관련 어휘
	문법	1. (으)로	2. 에서 ~ 까지
	과제	1. 교통편 묻기	2. 서울의 명소 찾아가기

1. 다음 단어를 배워 보세요. Learn the following words.

1)

지하철
지하철역

2)
버스
버스 정류장

3)

기차
기차역

4)
비행기
공항

2. 다음 단어를 배우고 아래와 같이 말해 보세요.

Learn the following words and speak them out as follows.

1)

타다

2)

내리다

3)

갈아타다

4)

(20분) 걸리다

5)

나가는 곳

6)

_____번 출구

저는 학교에 지하철을 타고 와요.
신당역에서 2호선을 타고
한양대역에서 내려요.
10분쯤 걸려요.

1 (으)로

E 119쪽 中 125쪽 日 131쪽

❶ 집에 지하철로 가요.

❷ 회사에 버스로 왔어요.

1. 다음과 같이 대화해 보세요. Try talking like this.

보기 가: 인천공항에 어떻게 가요?

나: 공항버스로 가요.

1)

가: 강남에 어떻게 가요?

나: _____.

2)

가: 명동에 어떻게 가요?

나: _____.

3)

가: 전주에 어떻게 갈 거예요?

나: _____.

4)

가: 부산에 어떻게 갈 거예요?

나: _____.

2. 어떻게 가요? 친구와 이야기해 보세요. How do you get there? Talk with your friends.

	친구 ❶	친구 ❷
1) 어디에 살아요? 학교에 어떻게 와요?		
2) 주말에 어디에 갔어요? 어떻게 갔어요?		
3) 언제 고향에 갈 거예요? 뭘 타고 갈 거예요?		
4) 한국에서 어디에 가고 싶어요? 뭘 타고 가고 싶어요?		

문법 2

2 에서 ~ 까지
E 119쪽　**中** 125쪽　**日** 131쪽

❶ 서울에서 전주까지 기차로 갈 거예요.

❷ 한양대에서 명동까지 버스로 30분쯤 걸려요.

1. 다음과 같이 대화해 보세요. Try talking like this.

보기 가: 집에서 경복궁까지 얼마나 걸려요?
나: 지하철로 30분쯤 걸려요.

1)

가: _____ 얼마나 걸려요?
나: 지하철로 _____.

2)

가: _____ 얼마나 걸려요?
나: KTX로 _____.

3)

가: _____ 얼마나 걸려요?
나: 비행기로 _____.

4)

가: _____ 얼마나 걸려요?
나: 걸어서 _____.

2. 시간이 얼마나 걸려요? 다음과 같이 말해 보세요.

How long will it take? Talk with your friends using the expressions below.

	출발		도착	교통수단	소요 시간
1)	집	➡	학교	지하철	30분
2)	교실	➡	학생 식당		
3)	서울	➡	고향		
4)		➡			

집에서 학교까지
지하철로 30분 걸려요.

한나

주말에 경복궁에 가려고 해요.
어떻게 가요?

민기

지하철 3호선을 타고
경복궁역에서 내리세요.

한나

학교에서 경복궁까지 얼마나 걸려요?

민기

지하철로 30분쯤 걸려요.

1. 대화를 듣고 질문에 대답해 보세요. Listen to the conversation and answer the following questions.

1) 한나 씨는 주말에 뭘 하려고 해요?

2) 경복궁에 어떻게 가요?

3) 학교에서 경복궁까지 얼마나 걸려요?

2. 친구와 대화해 보세요. Talk with your friends.

	어디에	어떻게	어디에서 어디까지	얼마나
1)	경복궁	지하철 3호선, 경복궁역	학교 ~ 경복궁	30분
2)				

가: 주말에 _____에 가려고 해요. 어떻게 가요?

나: _____을/를 타고 _____에서 내리세요.

가: _____에서 _____까지 얼마나 걸려요?

나: _____(으)로 _____쯤 걸려요.

발음 3호선을 [삼호서늘] 경복궁역에서 [경복꽁녀게서]   **단어** 3호선 타다 내리다 걸리다

1. **서울에서 어디에 가 봤어요? 친구와 이야기해 보세요.**
   Where have you been in Seoul? Talk with your friends.

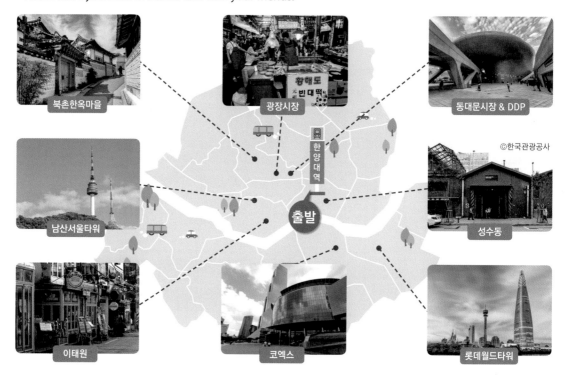

2. **위의 장소에 어떻게 가요? 지하철 앱으로 찾아서 이야기해 보세요.**
   How do I get to the places above? Use the Metro App to find directions and talk about it with your friends.

오늘 북촌한옥마을에 가요.
학교에서 북촌한옥마을까지
지하철로 30분쯤 걸려요.
한양대역에서 지하철 2호선을
타고 을지로3가역에서
3호선으로 갈아타요. 그리고
안국역에서 내려요.
안국역 2번 출구로 나가요.

1. 듣고 맞는 것을 연결하세요. Listen and match the right options. 🎧 75 ~ 🎧 78

1) [부산]   2) [서울숲]   3) [제주도]   4) [국립중앙박물관]

•   •   •   •

•   •   •   •

㉮   ㉯   ㉰   ㉱

2. 듣고 맞는 것을 연결하세요. Listen and match the right options. 🎧 79 ~ 🎧 82

1) 청계천	•	• ㉮ 지하철 1호선	•	• ⓐ 10분
2) 연남동	•	• ㉯ 지하철 2호선	•	• ⓑ 20분
3) 인사동	•	• ㉰ 지하철 3호선	•	• ⓒ 40분
4) 광장시장	•	• ㉱ 지하철 5호선	•	• ⓓ 1시간

3. 듣고 맞으면 ○, 틀리면 ✕ 하세요. Listen and mark ○ if correct and ✕ if incorrect. 🎧 83

1) 여자는 에버랜드에 갈 거예요.　　　(　　)

2) 에버랜드는 버스로 갈 수 없어요.　　(　　)

3) 여자는 지금 강남역 6번 출구에 있어요.　(　　)

4) 강남역에서 에버랜드까지 1시간 30분 걸려요.　(　　)

1. **여러분은 언제 친구를 집에 초대했어요?**
When did you invite your friends to your house?

2. **다음을 읽고 맞으면 ◯, 틀리면 ✕ 하세요.** 🎧 84
Read the following and mark ◯ if correct and ✕ if incorrect.

> 한나 씨, 저는 다음 주에 고향에 돌아가요. 그래서 이번 주 토요일에 친구들하고 우리 집에서 같이 식사하려고 해요. 한나 씨도 올 수 있어요?
>
> 한나
> 네, 갈 수 있어요. 학교에서 루카스 씨 집까지 어떻게 가요?
>
> 우리 집은 여의도에 있어요. 학교에서 여의도까지 지하철로 올 수 있어요. 한양대역에서 지하철 2호선을 타고 을지로4가역에서 내리세요. 거기에서 5호선으로 갈아타고 여의도역에서 내리세요. 그리고 여의도역 3번 출구로 나오세요. 3번 출구에서 우리 집까지 걸어서 5분쯤 걸려요.

1) 한양대역에서 집까지 지하철로 5분 걸려요. (   )

2) 을지로4가역에서 5호선으로 갈아타요. (   )

3) 여의도역 3번 출구에서 집까지 걸어서 갈 수 있어요. (   )

3. **여러분 집에 어떻게 가요? 친구들을 집에 초대해 보세요.**
How are you going home? Invite your friends over to your house.

> 우리 집은 _____ 에 있어요. 학교에서 _____ 까지
> _____ (으)로 올 수 있어요. _____ 에서
> _____ 을/를 타고 _____ 에서 내리세요.
> 그리고 _____ (으)세요. _____ 에서
> 우리 집까지 걸어서 _____ 쯤 걸려요.

백화점에 언니 선물을 사러 가요

MP3
Streaming

도입	• 여기는 어디예요?
	• 여러분은 어디에서 물건을 사요?

학습 목표	어휘	1. 쇼핑 장소	2. 물건 종류
	문법	1. –(으)러 가다/오다	2. 무슨 ~ ?
	과제	1. 쇼핑 계획하기	2. 쇼핑 경험 이야기하기

1. 다음 단어를 배워 보세요. Learn the following words.

1) 백화점

2) 시장

3) 마트

4) 편의점

5) 빵집

6) (옷, 화장품…) 가게

2. 다음 단어를 배우고 친구와 대화해 보세요.
Learn the following words and talk with your friends.

1) 옷
2) 모자
3) 가방
4) 신발
5) 화장품

한양마트

1) 채소
2) 과일
3) 고기
4) 생선
5) 과자
6) 음료수

지금 어디에 가요?

마트에 가요.

거기에서 뭘 살 거예요?

과일을 사려고 해요.

1 -(으)러 가다/오다

 E 119쪽 中 125쪽 日 131쪽

❶ 학교에 한국어를 배우러 가요.

❷ 점심을 먹으러 학생 식당에 왔어요.

1. **다음과 같이 대화해 보세요.** Try talking like this.

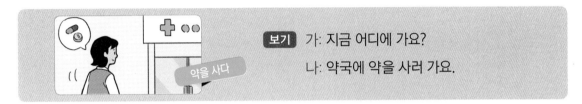

약을 사다

보기 가: 지금 어디에 가요?

나: 약국에 약을 사러 가요.

1)

친구를 만나다

가: 지금 어디에 가요?

나: _____.

2)

사진을 찍다

가: 왜 서울숲에 가요?

나: _____.

3)

라면을 사다

가: 편의점에 뭐 사러 왔어요?

나: _____.

4)

환전하다

가: 은행에 뭐 하러 왔어요?

나: _____.

2. **지난 주말에 무엇을 했어요? 친구와 이야기해 보세요.**

What did you do last weekend? Talk with your friends.

	친구 ❶	친구 ❷
1) 지난 주말에 어디에 갔어요?		
2) 거기에 뭘 하러 갔어요?		
3) 어떻게 갔어요?		

2 무슨 ~ ?

E 119쪽 **中** 125쪽 **日** 131쪽

❶ 무슨 옷을 샀어요?

❷ 무슨 영화를 보고 싶어요?

1. 다음과 같이 대화해 보세요. Try talking like this.

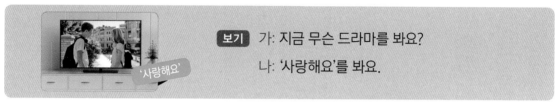

보기 가: 지금 무슨 드라마를 봐요?

나: '사랑해요'를 봐요.

1)

금요일

가: 무슨 요일에 만날까요?

나: _____.

2)

고양이

가: 무슨 동물을 좋아해요?

나: _____.

3)

모자

가: 무슨 선물을 살 거예요?

나: _____.

4)

포도

가: 요즘 무슨 과일이 맛있어요?

나: _____.

2. 무엇을 자주 해요? 친구와 대화해 보세요.

What do you often do? Talk with your friends.

무슨 운동을 자주 해요?

저는 수영을 자주 해요.

1)	운동 – 하다	☑수영	☐축구	☐농구	☐_____
2)	음식 – 먹다	☐한식	☐일식	☐양식	☐_____
3)	음악 – 듣다	☐힙합	☐발라드	☐트로트	☐_____
4)	음료수 – 마시다	☐커피	☐콜라	☐주스	☐_____

◎ 85

 민기 : 웨이 씨, 지금 어디에 가요?

 웨이 : 백화점에 언니 선물을 사러 가요.

 민기 : 무슨 선물을 사려고 해요?

 웨이 : 언니가 한국 화장품을 좋아해서 화장품을 사려고 해요.

1. **대화를 듣고 질문에 대답해 보세요.** Listen to the conversation and answer the following questions.

1) 웨이 씨는 지금 어디에 가요?

2) 웨이 씨는 거기에 뭘 하러 가요?

3) 웨이 씨는 뭘 살 거예요? 왜 그걸 사려고 해요?

2. **친구와 대화해 보세요.** Talk with your friends.

	어디에 뭘 사러 가요?	왜 그걸 사려고 해요?
1)	백화점 / 언니 선물	언니가 한국 화장품을 좋아하다
2)		

가: _____ 씨, 지금 어디에 가요?

나: _____에 _____을/를 사러 가요.

가: 무슨 _____을/를 사려고 해요?

나: _____아/어서 _____을/를 사려고 해요.

발음 백화점에 [배콰저메] 선물을 [선무를]   단어 백화점 선물 화장품

1. 다음 그래프를 보고 친구와 이야기해 보세요.
Look at the graph below and talk with your friends.

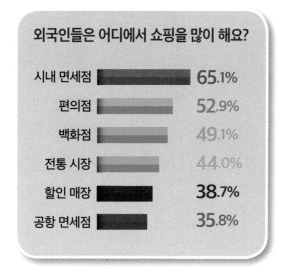

외국인들은 어디에서 쇼핑을 많이 해요?

시내 면세점	65.1%
편의점	52.9%
백화점	49.1%
전통 시장	44.0%
할인 매장	38.7%
공항 면세점	35.8%

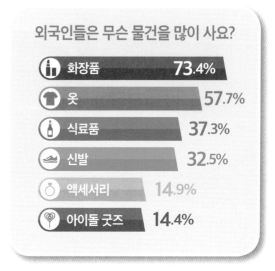

외국인들은 무슨 물건을 많이 사요?

화장품	73.4%
옷	57.7%
식료품	37.3%
신발	32.5%
액세서리	14.9%
아이돌 굿즈	14.4%

1) 외국인들은 쇼핑하러 어디에 자주 가요?

2) 외국인들은 한국에서 무슨 물건을 많이 사요?

3) 여러분은 어디에서 쇼핑해요? 무슨 물건을 사요?

2. 여러분은 한국에서 무슨 물건을 사고 싶어요? 아래에 쓰고 이야기해 보세요.
What do you want to buy in Korea? Write it down below and talk about it with your friends.

☐ 옷 ☐ 신발 ☐ 화장품 ☐ 식료품

☐ 액세서리 ☐ 전자제품 ☐ 아이돌 굿즈 ☐ _____

물건 종류	
쇼핑 장소	
쇼핑 이유	

1. **듣고 맞는 것에 ✔ 하세요.** Listen and mark ✔ on the correct option. ⓜ 86 ~ ⓜ 89

1)
　　□　　　　　□

2)
　　□　　　　　□

3)
　　□　　　　　□

4)
　　□　　　　　□

2. **듣고 맞는 것을 연결하세요.** Listen and match the right options. ⓜ 90 ~ ⓜ 93

1) 아잉 2) 유키 3) 웨이 4) 루카스
　·　　　　·　　　　·　　　　·

　·　　　　·　　　　·　　　　·
　㉮　　　㉯　　　㉰　　　㉱

3. **듣고 맞으면 ○, 틀리면 ✕ 하세요.** Listen and mark ○ if correct and ✕ if incorrect. ⓜ 94

1) 닉쿤 씨는 신발을 사고 싶어요. 　　(　　)

2) 두 사람은 내일 같이 쇼핑할 거예요. 　(　　)

3) 마리 씨는 명동에 자주 쇼핑하러 갔어요. (　　)

1. **여러분은 쇼핑하러 어디에 자주 가요? 거기에서 무슨 물건을 사요?**
Where do you often go shopping? What do you buy there?

2. **다음을 읽고 맞으면 ◯, 틀리면 ✕ 하세요.** 🎧 95
Read the following and mark ◯ if correct and ✕ if incorrect.

나의 쇼핑 이야기

저는 지난 주말에 친구하고 아이돌 굿즈를 사러 가로수길에 갔어요. 굿즈 가게 1층에 케이 팝 CD가 많이 있었어요. 우리는 한국 가수를 좋아해서 CD를 여러 장 샀어요. 굿즈 가게 2층에는 아이돌 카페가 있었어요. 카페에서 아이돌 이름의 음료수와 케이크를 팔았어요. 우리는 BTS 커피와 블랙핑크 케이크를 주문했어요. 카페 안에 아이돌의 사진과 굿즈도 많이 있었어요. 티셔츠, 가방, 인형, 액세서리가 아주 귀여워서 여러 개 샀어요.

1) 저는 지난 주말에 혼자 쇼핑을 했어요.   (   )

2) 저는 케이 팝 CD와 아이돌 굿즈를 샀어요.   (   )

3) 저는 지난 주말에 가로수길에 쇼핑하러 갔어요.   (   )

3. **한국에서 쇼핑해 봤어요? 어디에서 무엇을 샀어요? 소개해 보세요.**
Have you ever shopped in Korea? Where and what did you buy? Talk about it.

12:08   65%

나의 쇼핑 이야기

저는 지난주에 _____ 을/를 사러 _____ 에 갔어요.
_____ 에 _____ 이/가 많이 있었어요. _____ 아/어서
_____ 을/를 샀어요. _____ 에는 _____ 이/가 있었어요.
_____ 아/어서 _____ 았/었어요. _____ 에 _____ 도
있었어요. _____ 아/어서 _____ 을/를 샀어요.

청바지 좀 보여 주세요

도입	• 여기는 무슨 가게예요? 뭘 팔아요?
	• 여러분은 무슨 물건을 자주 사요?

학습 목표	어휘	1. 의류 관련 어휘	2. 착용 어휘
	문법	1. -고 (나열)	2. -아/어 주다
	과제	1. 물건 사기	2. 구매 후기 쓰기

1. 다음 단어를 배워 보세요. Learn the following words.

1) 모자
2) 가방
3) 티셔츠
4) 점퍼
5) 바지
6) 스커트
7) 구두
8) 운동화

2. 다음 단어를 배워 보세요. Learn the following words.

1) 옷을 입다
2) 신발을 신다
3) 모자를 쓰다
4) (옷, 신발, 모자…) 을/를 벗다

3. 다음 단어를 배우고 친구와 대화해 보세요.
Learn the following words and talk with your friends.

디자인	색깔	가격
예쁘다 멋있다	밝다 어둡다	싸다 비싸다

이 티셔츠 어때요?

디자인이 예뻐요.
한번 입어 봐요.

1 -고

🇪 120쪽 🀄 126쪽 🇯 132쪽

❶ 이 옷은 디자인도 멋있고 가격도 싸요.

❷ 저는 축구를 좋아하고 동생은 농구를 좋아해요.

1. 다음과 같이 문장을 완성해 보세요. Complete the sentence as below.

 나  친구

보기
➡ 저는 가방을 사고 친구는 운동화를 샀어요.

1)  10,000원    8,000원

➡ 딸기는 _____
　 포도는 _____.

2) 예쁘다 　 멋있다

➡ 언니는 _____
　 오빠는 _____.

3)  친구를 만나다 토 / 공부를 하다 일

➡ 토요일에는 _____
　 일요일에는 _____.

4)  음악을 듣다 / 책을 읽다

➡ 아버지는 _____
　 어머니는 _____.

2. 다음과 같이 이야기해 보세요. Talk about it as below.

1) 옷, 신발, 가방…

2) 동대문시장…

3) _____

제 가방은 작고 예뻐요.

☐ 싸다　☐ 비싸다　✔ 예쁘다　☐ 멋있다

☐ 크다　✔ 작다　☐ 길다　☐ 짧다

☐ 색깔이 밝다　　☐ 색깔이 어둡다

문법 2

2 –아/어 주다
E 120쪽 **中** 126쪽 **日** 132쪽

❶ 여기에 이름을 써 주세요.

❷ 내일 아침에 전화해 주세요.

1. 다음과 같이 대화해 보세요. Try talking like this.

보기 가: 한국어를 배우고 싶어요?

나: 네. 한국어를 가르쳐 주세요.

1)

가: 교실이 추워요?

나: 네. _____.

2)

가: 숙제가 많이 어려워요?

나: 네. _____.

3)

가: 한국 친구를 사귀고 싶어요?

나: 네. _____.

4)

가: 여기에서 사진을 찍고 싶어요?

나: 네. _____.

2. 손님과 직원이 되어 친구와 대화해 보세요.

Play the role of a customer and store clerk and start a conversation with your friends.

청바지를 보여 주세요.

계산해 주세요.

네, 잠깐만 기다려 주세요.

쇼핑백에 넣어 주세요.

포장해 주세요.

네, 여기 있습니다.

닉쿤

저, 청바지 좀 보여 주세요.

직원

손님, 이건 어떠세요?
디자인도 예쁘고 가격도 싸요.

닉쿤

이거 입어 볼 수 있어요?

직원

네, 이쪽에서 한번 입어 보세요.

1. 대화를 듣고 질문에 대답해 보세요. Listen to the conversation and answer the following questions.

1) 닉쿤 씨는 무슨 옷을 사러 왔어요?

2) 그 옷은 디자인이 어때요?

3) 그 옷은 가격이 비싸요?

2. 친구와 대화해 보세요. Talk with your friends.

	뭘 살 거예요?	그것이 어때요?	뭘 해 봐요?
1)	청바지	디자인이 예쁘다, 가격이 싸다	입다
2)			

가: 저, _____ 좀 보여 주세요.

나: 손님, 이건 어떠세요? _____도 _____고 _____도 _____아/어요.

가: 이거 _____아/어 볼 수 있어요?

나: 네, 이쪽에서 한번 _____아/어 보세요.

발음 가격도 [가격또] 입어 [이버]   단어 청바지 디자인 가격 입다

1. 무엇을 사고 싶어요? ✓ 하세요.

What do you want to buy? Mark ✓ on the items that you want to buy.

물건

☐ 바지　　☐ 스커트　　☐ 티셔츠　　☐ 점퍼

☐ 구두　　☐ 운동화　　☐ 모자　　☐ 가방

색깔

☐ 하얀색　　☐ 까만색　　☐ 파란색　　☐ 빨간색　　☐ 노란색

2. 직원과 손님이 되어 친구와 대화해 보세요.

Play the role of a customer and store clerk and start a conversation with your friends.

직원: 손님, 뭘 찾으세요?

손님: _____ 좀 보여 주세요.

직원: 이건 어떠세요? _____고 _____아/어요.

손님: 한번 _____아/어 보고 싶어요. 이거 _____색 있어요?

직원: 네, 여기 있습니다. 저쪽에서 한번 _____아/어 보세요.

직원: 어떠세요, 손님?

손님: 아주 좋아요. 이거 주세요.

직원: 어떠세요, 손님?

손님: 좀 커요/작아요/길어요/짧아요.

직원: 이건 어떠세요? 한번 _____아/어 보세요.

손님: 얼마예요?

직원: _____원이에요.

손님: 네, 계산해 주세요. 그리고 쇼핑백에 넣어 주세요.

직원: 네, 잠깐만 기다려 주세요. 손님, 여기 있습니다. 감사합니다.

1. 듣고 맞는 것을 연결하세요. Listen and match the right options.　　🎧 97 ~ 🎧 100

1) [한나]　　2) [루카스]　　3) [닉쿤]　　4) [마리]

　⑦　　　　　④　　　　　⑤　　　　　⑪

2. 듣고 맞는 것에 ✔ 하세요. Listen and mark ✔ on the correct option.　　🎧 101 ~ 🎧 104

1) ☐ 케이크를 사 주세요.　　　　☐ 꽃을 준비해 주세요.

2) ☐ 모자를 보여 주세요.　　　　☐ 모자를 계산해 주세요.

3) ☐ 휴대폰을 빌려 주세요.　　　☐ 전화번호를 가르쳐 주세요.

4) ☐ 한국어 공부를 도와주세요.　☐ 동대문시장에 같이 가 주세요.

3. 듣고 맞는 것에 ✔ 하세요. Listen and mark ✔ on the correct option.　　🎧 105

1) 남자는 무슨 옷을 샀어요? What clothes did the man buy?

☐ 점퍼　　☐ 바지　　☐ 스커트　　☐ 티셔츠

2) 직원이 옷을 보여 줬어요. 그 옷은 어때요? The store clerk showed him the clothes. How was it?

☐ 가격이 싸다　　☐ 색깔이 어둡다　　☐ 디자인이 멋있다

1. **여러분은 인터넷 쇼핑을 해 봤어요? 무엇을 샀어요?**
Have you ever done online shopping? What did you buy?

2. **다음을 읽고 맞으면 ○, 틀리면 ✕ 하세요.** 📱 106
Read the following and mark ○ if correct and ✕ if incorrect.

제목: 편하고 좋아요! | 작성자: 마리
★★★★★ | 등록일: 20XX년 8월 4일

운동화가 디자인도 멋있고 색깔도 예뻐요. 오늘 운동화를 받고 바로 신어 봤어요. 발이 아주 편하고 좋아요. 운동화가 너무 예뻐서 친구 운동화도 하나 더 주문했어요. 다음 주 월요일이 친구 생일이어서 운동화를 선물하려고 해요. 일요일까지 꼭 보내 주세요~~

1) 마리 씨는 운동화를 신어 봤어요. ( )

2) 친구가 마리 씨에게 운동화를 선물했어요. ( )

3) 운동화가 디자인은 멋있지만 발이 불편해요. ( )

3. **인터넷에서 무엇을 샀어요? 어땠어요? 써 보세요.**
What did you buy online? How was it? Write about it.

제목: _____ 작성자: _____

☆☆☆☆☆ 등록일: ____년 ____월 ____일

_____이/가 _____도 _____고,

_____도 _____아/어요. 물건을 받고 바로

_____아/어 봤어요. _____아/어요.

_____아/어서 _____도 주문했어요.

_____아/어서 _____(으)려고

해요. _____아/어 주세요~~

I Love Korea 서울 시내 교통수단

환승 할인
a transfer discount

외국인 관광 택시
📞 1644-2255　@ www.intltaxi.co.kr

서울 자전거 따릉이
📞 1599-0120　@ www.bikeseoul.com

I Love Korea 한국 여행을 위한 교통수단

코레일
📞 1544-7788 @ www.letskorail.com

SRT
📞 1800-1472 @ www.srail.or.kr

서울시티투어버스
📞 02-777-6090 @ www.seoulcitybus.com

K-Shuttle (외국인 전용 버스 자유 여행)
📞 02-720-1515 @ www.k-shuttle.com

부록

- 듣기 지문
- 듣기·읽기 정답
- 대화문 번역
- 문법 해설
- 어휘 목록
- 어휘 색인

제1과 저는 일본 도쿄에서 왔어요

1. 듣고 맞는 것을 연결하세요. 🎧 2 ~ 🎧 5

1) 남자: 수잔 씨는 어디에서 왔어요?
   여자: 저는 브라질에서 왔어요.

2) 남자: 유진 씨는 미국 사람이에요?
   여자: 아니요. 저는 베트남 사람이에요. 호치민에서 왔어요.

3) 남자: 아유미 씨는 고향이 어디예요?
   여자: 저는 미국 시카고에서 왔어요.

4) 남자: 가나 씨는 일본에서 왔어요?
   여자: 네. 저는 일본 홋카이도에서 왔어요.

2. 듣고 맞는 것에 ✔ 하세요. 🎧 6 ~ 🎧 9

1) 여자: 민기 씨 고향은 어디예요?
   남자: 제 고향은 부산이에요.
   여자: 가족이 부산에 있어요?
   남자: 네. 어머니, 아버지가 부산에 살아요.

2) 남자: 웨이 씨는 오빠가 있어요?
   여자: 아니요, 언니가 있어요. 그리고 남동생도 있어요.
   남자: 언니하고 남동생은 뭘 해요?
   여자: 언니는 회사원이에요. 그리고 남동생은 대학생이에요.

3) 여자: 마이클 씨는 어디에서 왔어요?
   남자: 저는 텍사스에서 왔어요.
   여자: 한국에서 뭘 해요?
   남자: 저는 한국 영화를 공부해요. 제 아내도 한국에서 영화를 공부해요.

4) 여자: 루카스 씨는 동생이 있어요?
   남자: 네, 남동생이 있어요. 베를린에 살아요.
   여자: 동생은 대학생이에요?
   남자: 아니요, 운동선수예요. 축구를 해요.

3. 듣고 맞으면 ○, 틀리면 X 하세요. 🎧 10

여자: 제 고향은 일본 오사카예요. 우리 가족은 아버지, 어머니, 언니가 있어요. 아버지는 회사원이에요. 아버지는 산책을 아주 좋아해요. 주말에 공원에서 산책을 해요. 어머니는 주부예요. 어머니는 한국 드라마를 아주 좋아해요. 어머니는 매일 한국 드라마를 봐요. 언니는 은행원이에요. 언니는 여행을 좋아해요. 일본 여행을 많이 해요. 저는 언니하고 한국에서 여행을 하고 싶어요. 여러 가지 한국 음식도 먹고 싶어요.

제2과 주말에 어디에 갔어요?

1. 듣고 맞는 것을 연결하세요. 🎧 13

여자: 루카스 씨, 지난 주말에 뭐 했어요?
남자: 남산에 갔어요. 남산에서 비빔밥도 먹었어요. 한나 씨는 뭐 했어요?
여자: 저는 집에서 쉬었어요. 영화를 봤어요.

2. 듣고 맞는 것에 ✔ 하세요. 🎧 14 ~ 🎧 17

1) 여자: 안녕하세요? 저는 마리예요. 일본에서 왔어요.
   남자: 반가워요. 저는 뱅상이에요. 마리 씨는 언제 한국에 왔어요?
   여자: 올해 한국에 왔어요.
   남자: 그래요? 저는 작년에 한국에 왔어요.

2) 여자: 닉쿤 씨, 어제 경복궁에 갔어요?
   남자: 아니요. 저는 어제 명동에 갔어요.
   여자: 그럼 경복궁에는 언제 갔어요?
   남자: 경복궁은 지난 주말에 갔어요.

3) 여자: 루카스 씨, 이번 주말에 뭐 했어요?
   남자: 저는 주말에 부산에서 여행했어요.
   여자: 여행은 재미있었어요? 저도 방학에 부산에 가고 싶어요.
   남자: 부산은 바다가 아주 예뻐요. 다음에 같이 가요.

4) 여자: 뱅상 씨, 같이 영화 볼까요?
   남자: 네, 좋아요. 언제 볼까요?
   여자: 이번 주말에 봐요. 토요일이 좋아요, 일요일이 좋아요?
   남자: 저는 일요일이 좋아요.

3. 듣고 맞으면 ○, 틀리면 X 하세요. 🎧 18

여자: 저는 작년에 중국에 갔어요. 베이징에 친구 링링 씨가 살아요. 저는 베이징에서 링링 씨를 만났어요. 같이

베이징을 구경했어요. 중국 음식도 많이 먹었어요. 만두가 맛있었어요. 올해는 일본을 여행하고 싶어요. 도쿄에 가고 싶어요. 도쿄에서 쇼핑을 많이 하고 싶어요.

제3과 기숙사에서 생일 파티를 할 거예요

1. 듣고 맞는 것을 연결하세요. 🎧 21 ~ 🎧 24

1) 남자: 마리 씨, 생일이 언제예요?
   여자: 제 생일은 6월 30일이에요.

2) 여자: 루카스 씨, 생일이 언제예요?
   남자: 제 생일은 3월 23일이에요.

3) 남자: 한나 씨 생일이 10월 11일이에요?
   여자: 아니요. 제 생일은 10월 21일이에요.

4) 여자: 뱅상 씨 생일이 9월 11일이에요?
   남자: 네. 내일이 제 생일이에요.

2. 듣고 맞는 것에 ✔ 하세요. 🎧 25 ~ 🎧 28

1) 남자: 지우 씨, 같이 점심 먹어요.
   여자: 미안해요. 오늘 친구를 만나요.
   남자: 친구하고 뭐 할 거예요?
   여자: 쇼핑할 거예요.

2) 여자: 민기 씨, 어디에 가요?
   남자: 학교에 가요.
   여자: 수업이 있어요?
   남자: 아니요. 친구하고 축구를 할 거예요.

3) 여자: 루카스 씨, 방학에 뭐 해요?
   남자: 방학에 고향에 갈 거예요.
   여자: 비행기표를 샀어요?
   남자: 아니요. 오늘 살 거예요.

4) 남자: 한나 씨, 생일이 언제예요?
   여자: 다음 주 토요일이에요.
   남자: 생일 파티를 할 거예요?
   여자: 아니요. 가족하고 여행을 갈 거예요.

3. 듣고 맞으면 ○, 틀리면 X 하세요. 🎧 29

남자: 제 생일은 12월 23일이에요. 다음 주 토요일이 제 생일이에요. 생일에 우리 집에서 친구들하고 파티를 할 거예요. 제가 고향 음식을 만들 거예요. 친구들하고 같이 점심을 먹을 거예요. 그리고 게임도 할 거예요. 저녁에는 노래방에 갈 거예요. 친구들이 모두 노래를 좋아해요.

제4과 몇 시부터 몇 시까지 수업을 해요?

1. 듣고 맞는 것을 고르세요. 🎧 32 ~ 🎧 34

1) 여자: 루카스 씨는 보통 몇 시에 일어나요?
   남자: 저는 보통 새벽 6시 반에 일어나요.

2) 남자: 한나 씨, 내일 몇 시에 만날까요?
   여자: 학교 앞에서 오후 4시에 만나요.

3) 남자: 웨이 씨, 학생식당은 점심에 몇 시까지 해요?
   여자: 오후 두 시까지 해요.

2. 듣고 맞는 것에 ✔ 하세요. 🎧 35 ~ 🎧 38

1) 남자: 마리 씨는 언제 한국에 왔어요?
   여자: 지난달에 한국에 왔어요.
   남자: 한국어 공부는 언제부터 시작했어요?
   여자: 작년부터 한국어 공부를 시작했어요.

2) 남자: 한나 씨, 어제 저녁에 왜 전화를 안 받았어요?
   여자: 아, 요즘 저녁에 운동을 해요.
   남자: 몇 시부터 몇 시까지 운동을 해요?
   여자: 저녁 7시부터 9시까지 운동을 해요.

3) 여자: 뱅상 씨, 보통 어디에서 공부를 해요?
   남자: 저는 보통 도서관에서 공부를 해요.
   여자: 그래요? 몇 시부터 몇 시까지 도서관에 있어요?
   남자: 오후 4시부터 7시까지 도서관에 있어요.

4) 남자: 선생님, 저는 다음 주 수요일부터 금요일까지 학교에 안 와요.
   여자: 그래요? 왜요?
   남자: 수요일에 고향에 가요. 친구의 결혼식이 있어요.
   여자: 그럼 닉쿤 씨, 언제 한국에 와요?
   남자: 일요일에 와요.

3. 듣고 맞는 번호를 쓰세요. (M) 39

여자: 저는 지난주 화요일에 한국에 여행을 왔어요. 화요일부터 목요일까지는 서울에 있었어요. 남산, 명동, 경복궁에 갔어요. 금요일에는 호텔에서 쉬었어요. 지난 주말에는 부산에 갔어요. 부산에서 해운대 바다를 구경했어요. 부산 음식도 많이 먹었어요. 그리고 지금은 제주도에 있어요. 어제 제주도에 왔어요. 오늘은 한라산을 구경하려고 해요.

제5과 **자전거를 탈 수 있어요?**

1. 듣고 맞는 것에 ✔ 하세요. (M) 42 ~ (M) 45

1) 남자: 한나 씨, 김치 먹을 수 있어요?
   여자: 네, 먹을 수 있어요.
2) 여자: 닉쿤 씨, 토요일에 같이 영화 볼 수 있어요?
   남자: 네, 볼 수 있어요.
3) 남자: 여기에서 사진을 찍을 수 있어요?
   여자: 아니요, 사진을 찍을 수 없어요.
4) 여자: 루카스 씨, 오늘 수업 끝나고 만날 수 있어요?
   남자: 미안해요. 오늘은 시간이 없어요.

2. 듣고 할 수 있으면 ○, 할 수 없으면 X 하세요.
(M) 46 ~ (M) 49

1) 남자: 마리 씨, 불고기를 만들 수 있어요?
   여자: 네, 불고기를 만들 수 있어요.
   남자: 김밥도 만들 수 있어요?
   여자: 네, 김밥도 만들 수 있어요.
2) 여자: 닉쿤 씨, 스키를 탈 수 있어요?
   남자: 네, 스키를 탈 수 있어요.
   여자: 그럼 스케이트도 탈 수 있어요?
   남자: 아니요, 스케이트는 탈 수 없어요.
3) 남자: 웨이 씨, 지금 한국 신문을 읽어요?
   여자: 아니요, 중국 신문을 읽어요.
   남자: 한국 신문을 읽을 수 있어요?
   여자: 아니요. 한국 신문은 어려워요.
4) 남자: 한나 씨, 기타를 칠 수 있어요?
   여자: 아니요, 기타를 칠 수 없어요.
   남자: 피아노는 칠 수 있어요?
   여자: 네. 피아노는 배웠어요.

3. 듣고 맞으면 ○, 틀리면 X 하세요. (M) 50

남자: 어제 고향 친구가 한국에 왔어요. 저는 오늘 친구하고 같이 삼청동을 구경하고 점심을 먹었어요. 저는 김치찌개를 좋아해요. 하지만 친구는 김치찌개를 먹을 수 없어요. 그래서 우리는 갈비탕을 먹었어요. 점심을 먹고 가게에서 기념품을 샀어요.

제6과 **비빔냉면은 매워서 못 먹어요**

1. 듣고 맞는 것을 연결하세요. (M) 53 ~ (M) 56

1) 여자: 루카스 씨, 내일 생일 파티에 올 거예요?
   남자: 미안해요. 일이 많아서 못 가요.
2) 남자: 지우 씨, 왜 오늘 약속에 안 왔어요?
   여자: 머리가 너무 아파서 못 갔어요.
3) 여자: 민기 씨, 주말에 같이 여행을 갈까요?
   남자: 주말에 약속이 있어서 못 가요.
4) 남자: 한나 씨, 왜 이렇게 늦었어요?
   여자: 미안해요. 버스가 안 와서 늦었어요.

2. 무엇을 못 해요? 맞는 것에 ✔ 하세요.
(M) 57 ~ (M) 60

1) 남자: 한나 씨, 테니스를 칠 수 있어요?
   여자: 네, 잘 쳐요.
   남자: 배드민턴도 잘 쳐요?
   여자: 아니요, 배트민턴은 못 쳐요.
2) 여자: 민기 씨, 자전거를 탈 수 있어요?
   남자: 네, 탈 수 있어요.
   여자: 오토바이도 탈 수 있어요?
   남자: 아니요, 오토바이는 못 타요.
3) 남자: 마리 씨의 친구는 영어를 잘해요?
   여자: 네, 잘해요.
   남자: 중국어도 잘해요?
   여자: 아니요, 중국어는 못해요.
4) 여자: 뱅상 씨, 같이 점심을 먹을까요?
   남자: 미안해요. 지금 못 먹어요.
   여자: 왜요? 일이 많아요?
   남자: 아니요. 배가 아파서 먹을 수 없어요.

3. 듣고 맞으면 ○, 틀리면 X 하세요.　　🎧 61

남자: 오늘 점심에 학생 식당에 갔어요. 돈가스를 먹고 싶었어요. 하지만 돈가스가 없어서 못 먹었어요. 그래서 된장찌개를 먹었어요. 된장찌개가 좀 짜서 물을 많이 마셨어요. 하지만 반찬은 안 짜고 맛있었어요. 학생 식당은 음식이 맛있어요. 그리고 값도 싸요.

제7과　떡볶이가 맵지만 맛있어요

1. 듣고 맞는 것에 ✔ 하세요.　　🎧 64 ~ 🎧 67

1) 남자: 지우 씨, 이 주스가 맛있어요?
　　여자: 네, 정말 맛있어요. 한번 마셔 보세요.

2) 여자: 이 책이 재미있어요?
　　남자: 네, 정말 재미있어요. 한번 읽어 보세요.

3) 남자: 지우 씨, 한강 공원에서 뭘 할 수 있어요?
　　여자: 밤에 유람선을 한번 타 보세요. 경치가 정말 예뻐요.

4) 여자: 주말에 사진을 찍으려고 해요. 어디가 좋아요?
　　남자: 경복궁에 가 보세요. 경복궁이 아주 아름다워요.

2. 듣고 맞는 것에 ✔ 하세요.　　🎧 68 ~ 🎧 71

1) 남자 : 마리 씨, 지금 어디에 살아요?
　　여자 : 학교 기숙사에 살아요.
　　남자 : 기숙사가 어때요?
　　여자 : 조금 작지만 아주 깨끗해요.

2) 여자 : 닉쿤 씨는 어제 뭐 했어요?
　　남자 : 저는 도서관에서 한국어 공부를 했어요.
　　여자 : 한국어 공부가 어때요?
　　남자 : 재미있지만 조금 어려워요.

3) 여자 : 루카스 씨, 지난 주말에 뭐 했어요?
　　남자 : 친구들하고 등산했어요.
　　여자 : 등산이 어땠어요?
　　남자 : 조금 피곤했지만 재미있었어요.

4) 남자 : 한나 씨는 지난 토요일에 뭐 했어요?
　　여자 : 저는 백화점에서 가방을 샀어요.
　　남자 : 그래요? 가방이 마음에 들어요?
　　여자 : 네. 조금 비싸지만 아주 예뻐요.

---

3. 듣고 맞으면 ○, 틀리면 X 하세요.　　🎧 72

여자: 저는 지난 토요일에 홍대 입구에 처음 가봤어요. 루카스 씨하고 같이 가려고 했지만 루카스 씨가 토요일에 일이 있었어요. 그래서 혼자 갔어요. 홍대에서 청바지를 사고 싶었어요. 청바지가 예뻤지만 조금 비싸서 안 샀어요. 저녁에는 배가 아주 고파서 떡볶이하고 라면을 먹었어요. 떡볶이하고 라면 모두 매웠지만 맛있었어요.

제8과　지하철로 30분쯤 걸려요

1. 듣고 맞는 것을 연결하세요.　　🎧 75 ~ 🎧 78

1) 남자: 부산에 여행을 가고 싶어요. 어떻게 가요?
　　여자: KTX로 가세요. KTX가 아주 빨라요.

2) 남자: 서울숲까지 버스로 갈 수 있어요?
　　여자: 네. 학교 앞에서 2014번 버스를 타세요.

3) 여자: 제주도에 비행기를 타고 갈 거예요?
　　남자: 네. 김포공항에서 아홉 시 비행기를 타요.

4) 여자: 국립중앙박물관에 어떻게 가요?
　　남자: 걸어서 가세요. 여기에서 가까워요.

2. 듣고 맞는 것을 연결하세요.　　🎧 79 ~ 🎧 82

1) 남자: 한나 씨, 청계천까지 버스를 타고 갈까요?
　　여자: 지하철로 가요. 1호선으로 갈 수 있어요.
　　남자: 여기에서 청계천까지 멀어요?
　　여자: 네. 한 시간쯤 걸려요.

2) 여자: 연남동에 가 보고 싶어요. 지하철로 갈 수 있어요?
　　남자: 네. 2호선을 타고 홍대입구역에서 내리세요.
　　여자: 한양대에서 연남동까지 얼마나 걸려요?
　　남자: 지하철로 40분쯤 걸려요.

3) 남자: 실례합니다. 인사동에 가려고 해요. 어떻게 가요?
　　여자: 3호선을 타고 안국역에서 내리세요. 여기에서 안국역까지 10분쯤 걸려요.
　　남자: 안국역에서 몇 번 출구로 나가요?
　　여자: 6번 출구로 나가세요.

4) 여자: 뱅상 씨, 광장시장까지 지하철로 얼마나 걸려요?
　　남자: 20분쯤 걸려요. 근데 지하철을 한번 갈아타요.

여자: 그래요? 어디에서 갈아타요?

남자: 광화문역에서 5호선으로 갈아타세요.

3. 듣고 맞으면 ○, 틀리면 X 하세요. 🎧 83

남자: 어서 오세요. 뭘 도와드릴까요?

여자: 에버랜드에 가려고 해요. 어떻게 가요?

남자: 버스로 가세요. 강남역 근처에 버스가 있어요.

여자: 아, 그래요? 강남역에서 몇 번 버스를 타요?

남자: 강남역에서 6번 출구로 나가세요. 6번 출구 앞에 버스 정류장이 있어요. 거기에서 5002번 버스를 타고 에버랜드역에서 내리세요.

여자: 강남역에서 에버랜드까지 얼마나 걸려요?

남자: 버스로 한 시간 반쯤 걸려요.

제9과 **백화점에 언니 선물을 사러 가요**

1. 듣고 맞는 것에 ✔ 하세요. 🎧 86 ~ 🎧 89

1) 여자: 지금 어디에 가요?
   남자: 쇼핑하러 백화점에 가요.

2) 남자: 오늘 오후에 뭐 할 거예요?
   여자: 책을 읽으러 도서관에 갈 거예요.

3) 여자: 주말에 영화를 보러 갈까요?
   남자: 좋아요. 두 시에 행복시네마에서 만나요.

4) 남자: 어서 오세요, 손님. 뭘 드릴까요?
   여자: 케이크를 사러 왔어요. 딸기케이크 하나 주세요.

2. 듣고 맞는 것을 연결하세요. 🎧 90 ~ 🎧 93

1) 남자: 아잉 씨, 지금 어디에 가요?
   여자: 옷을 사러 옷 가게에 가요.
   남자: 무슨 옷을 살 거예요?
   여자: 스커트를 살 거예요.

2) 여자: 어, 유키 씨! 유키 씨도 꽃 사러 왔어요?
   남자: 네. 여자 친구 생일이어서 꽃을 사러 왔어요.
   여자: 무슨 꽃을 살 거예요?
   남자: 여자 친구가 장미꽃을 좋아해서 장미꽃을 사려고 해요.

3) 남자: 웨이 씨, 어제 수업 끝나고 뭐 했어요?
   여자: 가방을 사러 동대문시장에 갔어요.
   남자: 무슨 가방을 샀어요?
   여자: 다음 주에 여행을 가요. 그래서 여행 가방을 샀어요.

4) 여자: 루카스 씨, 오랜만이에요. 마트에 뭐 사러 왔어요?
   남자: 집에 과일이 없어서 과일을 사러 왔어요.
   여자: 아, 그래요? 무슨 과일을 살 거예요?
   남자: 사과하고 포도를 사려고 해요.

3. 듣고 맞으면 ○, 틀리면 X 하세요. 🎧 94

남자: 마리 씨, 내일 쇼핑하러 갈까요? 모자를 하나 사고 싶어요.

여자: 좋아요. 저도 신발을 사고 싶어요.

남자: 무슨 신발을 살 거예요?

여자: 운동화요. 다음 주부터 저녁에 운동할 거예요. 그런데 닉쿤 씨, 우리 어디에서 쇼핑할까요?

남자: 명동 어때요? 명동에 백화점이 있어서 아주 좋아요. 그리고 길에 옷 가게, 신발 가게, 가방 가게, 화장품 가게도 많아요.

여자: 그래요? 저도 명동에 한번 가 보고 싶어요.

제10과 **청바지 좀 보여 주세요**

1. 듣고 맞는 것을 연결하세요. 🎧 97 ~ 🎧 100

1) 여자: 한나 씨는 오늘 빨간색 티셔츠를 입고 하얀색 스커트를 입었어요. 스커트가 디자인도 좋고 색깔도 밝아서 예뻐요.

2) 남자: 저는 오후에 루카스 씨하고 한강 공원에 자전거를 타러 갈 거예요. 루카스 씨는 오늘 운동화를 신고 점퍼를 입었어요.

3) 여자: 닉쿤 씨는 오늘 수업이 끝나고 여자 친구를 만나러 가요. 까만색 바지를 입고 까만색 구두를 신었어요. 아주 멋있어요.

4) 남자: 마리 씨는 모자를 좋아해서 모자를 자주 사요. 그래서 모자가 많아요. 오늘은 노란색 모자를 쓰고 파란색 티셔츠를 입었어요. 모자가 아주 귀여워요.

2. 듣고 맞는 것에 ✔ 하세요.　　🎧 101 ~ 🎧 104

1) 남자: 내일 웨이 씨 생일이에요. 무슨 선물을 살까요?
　 여자: 핸드크림을 사요. 핸드크림이 비싸지 않고 좋아요.
　 남자: 그래요. 케이크하고 꽃도 준비할까요?
　 여자: 케이크는 제가 만들 거예요. 뱅상 씨는 꽃을
　　　　준비해 주세요.

2) 여자: 모자를 사러 왔어요. 까만색 모자 좀 보여 주세요.
　 남자: 이건 어떠세요? 디자인도 멋있고 색깔도 예뻐요.
　 여자: 네, 그거 주세요. 그리고 포장 좀 해 주세요.
　 남자: 네, 알겠습니다. 잠깐만 기다려 주세요.

3) 남자: 어! 아잉 씨, 휴대폰 샀어요? 디자인이 예뻐요.
　 여자: 고마워요. 가볍고 편해서 저도 마음에 들어요.
　 남자: 전화번호는 몇 번이에요? 번호 좀 가르쳐 주세요.
　 여자: 전화번호는 같아요. 010-1234-5678이에요.

4) 여자: 내일 수업 끝나고 쇼핑하러 가고 싶어요. 어디가
　　　　좋아요?
　 남자: 동대문시장이 학교에서 가깝고 가격도 싸요.
　　　　한번 가 보세요.
　 여자: 민기 씨가 같이 가 줄 수 있어요? 제가 한국말을
　　　　잘 못해서요.
　 남자: 그래요, 같이 가요.

3. 듣고 맞는 것에 ✔ 하세요.　　🎧 105

여자: 어서 오세요, 손님. 뭘 찾으세요?
남자: 옷을 사러 왔어요. 티셔츠 좀 보여 주세요.
여자: 이건 어떠세요? 디자인도 멋있고 가격도 싸서
　　　손님들이 좋아해요.
남자: 색깔도 밝아서 마음에 들어요. 이거 입어 볼 수 있어요?
여자: 네, 이쪽에서 한번 입어 보세요.
(잠시 후)
여자: 손님, 어떠세요?
남자: 아주 좋아요. 이거 얼마예요?
여자: 15만 원이에요. 카드로 계산하시겠어요?
남자: 네, 카드로 계산해 주세요.
여자: 옷하고 카드 여기 있습니다. 감사합니다.
남자: 네. 안녕히 계세요.

제1과 저는 일본 도쿄에서 왔어요

듣기

1. 1) ㉮　　2) ㉰　　3) ㉳　　4) ㉯

2. 1) ☑ □　2) □ ☑　3) ☑ □　4) □ ☑

3. 1) X　　2) O　　3) X

읽기

2. 1) X　　2) O　　3) X

제2과 주말에 어디에 갔어요?

듣기

1. 1) ㉯, ㉳　　2) ㉮, ㉰

2. 1) □ ☑　2) ☑ □　3) ☑ □　4) □ ☑

3. 1) O　　2) O　　3) O　　4) X

　5) X

읽기

2. 1) O　　2) O　　3) X

제3과 기숙사에서 생일 파티를 할 거예요

듣기

1. 1) ㉯　　2) ㉮　　3) ㉳　　4) ㉰

2. 1) □ ☑　2) □ ☑　3) □ ☑　4) □ ☑

3. 1) X　　2) O　　3) X　　4) O

읽기

2. 1) X　　2) O　　3) O

제4과 몇 시부터 몇 시까지 수업을 해요?

듣기

1. 1) ③　　2) ③　　3) ②

2. 1) □ ☑　　　　2) □ ☑ □ ☑

　3) □ ☑ □ ☑　4) ☑ □ □ ☑

3. 1) ②　　2) ③　　3) ①

읽기

2. 1) O　　2) X　　3) X

제5과 자전거를 탈 수 있어요?

듣기

1. 1) ☑ □　2) ☑ □　3) □ ☑　4) □ ☑

2. 1) O, O　2) O, X　3) O, X　4) X, O

3. 1) O　　2) O　　3) X

읽기

2. 1) O　　2) X　　3) X

제6과 비빔냉면은 매워서 못 먹어요

듣기

1. 1) ㉯ 2) ㉮ 3) ㉰ 4) ㉭

2. 1)☐ ☑ 2)☐ ☑ 3)☐ ☑ 4)☐ ☑

3. 1) X 2) X 3) O

읽기

2. 1) O 2) X 3) O

제7과 떡볶이가 맵지만 맛있어요

듣기

1. 1)☑ ☐ 2)☐ ☑ 3)☑ ☐ 4)☐ ☑

2. 1)☑ ☐ / ☑ ☐ / ☑ ☐

   2)☐ ☑ / ☐ ☑ / ☑ ☐

   3)☐ ☑ / ☐ ☑ / ☑ ☐

   4)☐ ☑ / ☑ ☐ / ☑ ☐

3. 1) X 2) X 3) X

읽기

2. 1) X 2) O 3) X

제8과 지하철로 30분쯤 걸려요

듣기

1. 1) ㉯ 2) ㉮ 3) ㉭ 4) ㉰

2. 1) ㉮ -ⓓ 2) ㉯ - ⓒ 3) ㉰ - ⓐ 4) ㉭ - ⓑ

3. 1) O 2) X 3) X 4) O

읽기

2. 1) X 2) O 3) O

제9과 백화점에 언니 선물을 사러 가요

듣기

1. 1)☐ ☑ 2)☑ ☐ 3)☑ ☐ 4)☐ ☑

2. 1) ㉯ 2) ㉰ 3) ㉭ 4) ㉮

3. 1) X 2) O 3) X

읽기

2. 1) X 2) O 3) O

제10과 청바지 좀 보여 주세요

듣기

1. 1) ㉯ 2) ㉮ 3) ㉭ 4) ㉰

2. 1)☐ ☑ 2)☑ ☐ 3)☐ ☑ 4)☐ ☑

3. 1)☐ ☐ ☐ ☑ 2)☑ ☐ ☑

읽기

2. 1) O 2) X 3) X

대화문 번역

제1과 **I am from Tokyo, Japan**

마리: 닉쿤 씨는 어디에서 왔어요?

닉쿤: 저는 태국 방콕에서 왔어요. 마리 씨는 어디에서 왔어요?

마리: 저는 일본 도쿄에서 왔어요. 한국에서 한국어를 많이 배우고 싶어요.

닉쿤: 저도 한국어를 많이 배우고 싶어요. 그리고 한국 친구도 사귀고 싶어요.

Marie: Nichkhun, where are you from?

Nichkhun: I am from Bangkok, Thailand. Where are you from?

Marie: I am from Tokyo, Japan. I want to learn Korean in Korea.

Nichkhun: I want to learn Korean, too. I also want to make some Korean friends.

제2과 **Where did you go this weekend?**

민기: 마리 씨, 주말에 어디에 갔어요?

마리: 인사동에 갔어요.

민기: 그래요? 인사동에서 뭘 했어요?

마리: 전통차를 마셨어요. 정말 맛있었어요.

Min-gi: Marie, where did you go on the weekend?

Marie: I went to Insadong.

Min-gi: Really? What did you do in Insa-dong?

Marie: We drank traditional tea. It was really good.

제3과 **We're going to have a birthday party at the dorm**

지우: 닉쿤 씨는 생일이 언제예요?

닉쿤: 3월 5일이에요. 지우 씨는 생일이 언제예요?

지우: 저는 6월 10일이에요. 닉쿤 씨는 이번 생일에 뭐 해요?

닉쿤: 친구들하고 기숙사에서 생일 파티를 할 거예요.

Ji-woo: When is your birthday, Nichkhun?

Nichkhun: It's March 5th. When is your birthday?

Ji-woo: It's June 10th. Nichkhun, what are you doing on your birthday?

Nichkhun: I'm going to have a birthday party with my friends at the dorm.

제4과 **From what time to what time do you have class?**

민기: 한나 씨, 몇 시부터 몇 시까지 한국어 수업을 해요?

한나: 오전 9시부터 12시까지 해요.

민기: 오늘 오후에 뭐 할 거예요?

한나: 웨이 씨하고 집 근처에서 산책하려고 해요.

Min-gi: Hannah, what time to what time do you have Korean class?

Hannah: I have a Korean class from 9:00 a.m. to noon.

Min-gi: What are you going to do this afternoon?

Hannah: I'm going for a walk with Wei around the house.

제5과 Do you know how to ride a bike?

루카스: 한나 씨, 자전거를 탈 수 있어요?

한나 : 네, 잘 타요. 가끔 집 근처에서 자전거를 타요.

루카스: 그럼 오늘 서울숲에서 자전거를 탈까요?

한나 : 좋아요. 수업 끝나고 같이 가요.

Lucas: Hannah, do you know how to ride a bicycle?

Hannah: Yes, I do. Sometimes, I ride a bike near my house.

Lucas: Then, would you like to go ride a bike at Seoulsup Forest today?

Hannah: That sounds great. Let's go together after class.

제6과 I can't eat Bibim-naengmyeon because it's too spicy

마리: 민기 씨, 이 식당은 뭐가 맛있어요?

민기: 비빔냉면이 맛있어요. 저는 비빔냉면을 먹으려고 해요.

마리: 저는 비빔냉면은 매워서 못 먹어요.

민기: 그럼 물냉면을 시켜요. 물냉면은 안 매워요.

Marie: Min-gi, what is good in this restaurant?

Min-gi: Bibim-naengmyeon is delicious here. I'm going to try Bibim-naengmyeon.

Marie: I can't eat Bibim-naengmyeon because it's too spicy.

Min-gi: Then, how about Mul-naengmyeon? Mul-naengmyeon is not spicy.

제7과 Tteokbokki is spicy but delicious

뱅상 : 웨이 씨, 이 떡볶이 한번 먹어 보세요.

웨이: 와, 뱅상 씨가 떡볶이를 만들 수 있어요?

뱅상 : 오늘 처음 만들어 봤어요. 맛이 어때요?

웨이: 조금 맵지만 정말 맛있어요.

Vincent: Wei, try this Tteokbokki.

Wei: Wow, can you make Tteokbokki?

Vincent: I made it for the first time today. How does it taste?

Wei: A bit spicy, but it's really delicious.

제8과 It takes about 30 minutes by subway

한나: 주말에 경복궁에 가려고 해요. 어떻게 가요?

민기: 지하철 3호선을 타고 경복궁역에서 내리세요.

한나: 학교에서 경복궁까지 얼마나 걸려요?

민기: 지하철로 30분쯤 걸려요.

Hannah: I'm going to go to Gyeongbokgung Palace on the weekend. Can you tell me how to get there?

Min-gi: Take subway line 3 and get off at Gyeongbokgung Station.

Hannah: How long does it take from school to Gyeongbokgung Palace?

Min-gi: It takes about 30 minutes by subway.

대화문 번역

제9과 I'm going to the department store to buy a gift for my sister

민기 : 웨이 씨, 지금 어디에 가요?

웨이 : 백화점에 언니 선물을 사러 가요.

민기 : 무슨 선물을 사려고 해요?

웨이 : 언니가 한국 화장품을 좋아해서 화장품을 사려고 해요.

Min-gi: Wei, where are you going?

Wei: I'm going to the department store to buy a gift for my sister.

Min-gi: What are you going to buy?

Wei: My sister likes Korean cosmetics, so I'm going to buy some of those for her.

제10과 Show me some jeans

닉쿤 : 저, 청바지 좀 보여 주세요.

직원 : 손님, 이건 어떠세요? 디자인도 예쁘고 가격도 싸요.

닉쿤 : 이거 입어 볼 수 있어요?

직원 : 네, 이쪽에서 한번 입어 보세요.

Nichkhun: Excuse me. Can you show me some jeans?

Personnel: Sir, how about this? The design is pretty, and it's quite affordable.

Nichkhun: Can I try this on?

Personnel: Sure. You can try it on here.

Grammar & Patterns

저는 일본 도쿄에서 왔어요

1. 에서 왔다

The postposition '에서' is attached to nouns to indicate the place where an action takes place.

(1) 학교<u>에서</u> 공부해요.	I study at school.
(2) 시장<u>에서</u> 옷을 사요.	I buy clothes at the market.

In case of '에서 왔다', the postposition '에서' indicates a starting point.

(1) 저는 베트남 하노이<u>에서 왔어요</u>.	I am from Hanoi, Vietnam.
(2) 그 사람은 미국<u>에서 왔어요</u>.	The man is from the United States.

2. 도

This postposition is attached to nouns to indicate unity, sameness or identity.

(1) 친구가 한국말을 공부해요.	My friend studies Korean.
저<u>도</u> 한국말을 공부해요.	I also study Korean.
(2) 저는 책을 샀어요.	I bought a book.
공책<u>도</u> 샀어요.	I bought a notebook, too.

주말에 어디에 갔어요?

1. 에

This postposition is attached to nouns to indicate time.

(1) 아침<u>에</u> 만나요.	See you in the morning.
(2) 지난 주말<u>에</u> 친구 집에 갔어요.	I went to my friend's house last weekend.

2. –았/었–

'–았/었–' is attached to verbs, adjectives, and nouns to indicate that an event occurred in the past. When the verb stem ends in 'ㅏ' or 'ㅗ', use '–았–'; when the verb stem ends in any other vowel, use '–었–'. If the verb stem is '하–', use '–였–'(하였–→ 했–).

Verb stems in 'ㅏ, ㅗ'	–았–
Verb stems in 'ㅓ, ㅜ, ㅡ, ㅣ'	–었–
Verb stem '하–'	–였–

(1) 저는 어제 생일 선물을 받았어요. I got a birthday present yesterday.

(2) 저는 주말에 집에서 쉬었어요. I rested at home on the weekend.

(3) 저는 어제 숙제를 했어요. I did my homework yesterday.

제3과 **기숙사에서 생일 파티를 할 거예요**

1. 하고 (같이)

This postposition is attached to nouns to indicate the meaning of doing something with another person(s) and is followed by a verb. This can express the meaning 'together with'.

(1) 친구하고 점심을 먹었어요. I had lunch with my friend.

(2) 어머니하고 같이 마트에 갔어요. I went to the mart with my mother.

2. –(으)ㄹ 거예요

This expression is attached to verbs to indicate the speaker's plan or will.

(1) 저는 주말에 여행을 갈 거예요. I will go on a trip this weekend.

(2) 마리는 오늘 학교에 올 거예요. Marie will come to school today.

1. 부터 ~ 까지

'부터' is a postposition indicating the departure point or starting point of time attached to a noun of time. '까지' is a postposition indicating the finishing point. '부터 ~ 까지' is used together when the beginning and end of time appear together.

(1) 9시부터 1시까지 수업을 해요.   I have classes from 9 A.M. to 1 P.M.

(2) 저녁 7시까지 일해요.   I work until 7 P.M. in the evening.

2. –(으)려고 하다

This expression is attacehd to action verbs to indicate the speaker's intention or will.

(1) 대사관에 가려고 해요.   I intend to go to the embassy.

(2) 도서관에서 책을 읽으려고 해요.   I intend to read a book in the library.

1. –(으)ㄹ 수 있다/ 없다

'-(으)ㄹ 수 있다' is attached to verbs to indicate ability or possibility. The negative form of this expression is '-(으)ㄹ 수 없다'.

(1) 한국말을 할 수 있어요.   I can speak Korean.

(2) 내일은 바빠서 갈 수 없어요.   I can't go tomorrow because I'm busy.

2. –고

This conjunctive ending is attached directly to the stem of the first action verb, then followed by a second verb to indicate that a subject performs the first action and then a second one.

(1) 아침을 먹고 학교에 가요.   I eat breakfast and go to school.

(2) 숙제를 하고 잠을 자요.   I do my homework and go to sleep.

비빔냉면은 매워서 못 먹어요

1. -아/어서

This conjunctive ending is attached to verbs, adjectives, and noun to indicate a reason for a specific action .

(1) 배가 아파서 약을 먹었어요.　　　I took medicine because I had a stomachache.

(2) 떡볶이가 매워서 못 먹어요.　　　I can't eat the Tteokbokki because it's too spicy.

2. 못 ~

This expression is attached to action verbs to indicate that a specific action is impossible or cannot be performed.

(1) 저는 운전을 못해요.　　　I can't drive.

(2) 바빠서 못 쉬었어요.　　　I couldn't rest because I was busy.

떡볶이가 맵지만 맛있어요

1. -아/어 보다

This expression is attached to action verbs to indicate an attempt or past experience.

(1) 이 주스를 한번 마셔 보세요.　　　Try drinking this juice.

(2) 저는 한복을 입어 봤어요.　　　I tried on a Hanbok.

2. -지만

This conjunctive ending is attached to verbs, adjectives, and nouns to acknowledge the preceding word and add the opposite or other fact.

(1) 비빔냉면이 맵지만 맛있어요.　　　Bibim-naengmyeon is spicy but delicious.

(2) 말하기는 쉽지만 쓰기는 어려워요.　　　It is easy to speak, but difficult to write.

제8과 지하철로 30분쯤 걸려요

1. (으)로

This postposition is attached to nouns to indicate a mean, method or tool for a specific action.

(1) 버스로 왔어요.　　　　　　　　　I came by bus.

(2) 카드로 계산해 주세요.　　　　　　Please pay by credit card.

2. 에서 ~ 까지

'에서' is a postposition indicating the departure point or starting point attached to a place noun. '까지' is a postposition indicating a point of arrival or end.

(1) 집에서 학교까지 지하철로 30분 걸려요.　　　It takes 30 minutes by subway from home to school.

(2) 여기에서 공항까지 시간이 얼마나 걸려요?　　How long does it take from here to the airport?

제9과 백화점에 언니 선물을 사러 가요

1. -(으)러 가다/오다

This expression is attached to action verbs to indicate a goal or purpose.

(1) 영화를 보러 갈까요?　　　　　　Shall we go see a movie?

(2) 밥을 먹으러 식당에 갔어요.　　　I went to a restaurant to eat.

2. 무슨 ~ ?

This expression is a modifier of the following noun. It means 'what (kind of)'.

(1) 무슨 음식을 좋아해요?　　　　　What kind of food do you like?

(2) 무슨 책을 읽고 있어요?　　　　　What book are you reading?

제10과 청바지 좀 보여 주세요

1. -고

This is a conjunctive ending used when listing more than two equal facts, by being attached to verbs, adjectives or nouns.

(1) 제 친구는 <u>재미있고</u> 친절해요.   My friend is funny and kind.

(2) 아버지는 <u>회사원이고</u> 어머니는 주부예요.   Father is an office worker and my mother is a housewife.

2. -아/어 주다

This expression is attached to action verbs to indicate the meaning of performing a service or favor for the object.

(1) 한국말을 <u>가르쳐 주세요</u>.   Please teach me Korean.

(2) 저녁에 <u>전화해 주세요</u>.   Please call me in the evening.

语法和句型

제1과   저는 일본 도쿄에서 왔어요

1. 에서 왔다

'에서' 用于名词后, 是表示谓语动词动作发生的场所的助词。

(1) 학교에서 공부해요.　　　　　　在学校学习。

(2) 시장에서 옷을 사요.　　　　　　在市场买衣服。

在 '에서 왔다' 中 '에서' 表示出发地点。

(1) 저는 베트남 하노이에서 왔어요.　　我从越南河内来。

(2) 그 사람은 미국에서 왔어요.　　　那个人从美国来。

2. 도

与名词连用, 是表示两物之间相同或呈包含关系的助词。

(1) 친구가 한국말을 공부해요.　　　朋友在学习韩语。

　　저도 한국말을 공부해요.　　　我也在学习韩语。

(2) 저는 책을 샀어요.　　　　　　我买了书。

　　공책도 샀어요.　　　　　　　也买了笔记本。

제2과   주말에 어디에 갔어요?

1. 에

与表示时间的名词连用, 是表示时间范围的助词。

(1) 아침에 만나요.　　　　　　　早上见。

(2) 지난 주말에 친구 집에 갔어요.　　上周末去了朋友家。

2. –았/었–

与动词、形容词、名词连用，是表示事件发生在过去的词尾。词干以 '卜、ㅗ' 结束时用 '-았-'，谓词 '하다' 后用 '-였-' (하였-→했-)，其他情况用 '-었-'。

Verb stems in '卜, ㅗ'	-았-
Verb stems in '너, ㅜ, ㅡ, ㅣ'	-었-
Verb stem '하-'	-였-

(1) 저는 어제 생일 선물을 <u>받았어요</u>.   我昨天收到了生日礼物。

(2) 저는 주말에 집에서 <u>쉬었어요</u>.   我周末在家休息了。

(3) 저는 어제 숙제를 <u>했어요</u>.   我昨天做了作业。

제3과　기숙사에서 생일 파티를 할 거예요

1. 하고 (같이)

与名词连用，是表示与其他人一起做某事的助词。可以用 '-하고 같이' 的表现形式。

(1) 친구<u>하고</u> 점심을 먹었어요.   与朋友吃午饭了。

(2) 어머니<u>하고</u> 같이 마트에 갔어요.   与妈妈一起去超市了。

2. –(으)ㄹ 거예요

与动词连用，表示说话人的计划或意志。

(1) 저는 주말에 여행을 <u>갈 거예요</u>.   我周末要去旅行。

(2) 마리는 오늘 학교에 <u>올 거예요</u>.   玛丽今天会来学校的。

몇 시부터 몇 시까지 수업을 해요?

1. 부터 ~ 까지

'부터' 与时间名词连用, 是表示时间或空间的起点的助词。'까지' 是表示时间的终点的助词。
'부터 ~ 까지' 用于表示从时间的起点到终点。

(1) 9시부터 1시까지 수업을 해요.　　　从早上9点到下午1点上课。

(2) 저녁 7시까지 일해요.　　　工作到下午7点。

2. -(으)려고 하다

与动词连用, 表示前面的话所表现的行为的 '意图' 或 '打算'。

(1) 대사관에 가려고 해요.　　　我要去大使馆。

(2) 도서관에서 책을 읽으려고 해요.　　　我要去图书馆看书。

자전거를 탈 수 있어요?

1. -(으)ㄹ 수 있다/ 없다

与动词连用, 表示前面的话所表现的行为的可能性。否定形式为 '-(으)ㄹ 수 없다'。

(1) 한국말을 할 수 있어요.　　　我会说韩语。

(2) 내일은 바빠서 갈 수 없어요.　　　我明天很忙去不了。

2. -고

与动词连用, 是表示前面的行为和后面的行为按先后顺序发生的连接词尾。

(1) 아침을 먹고 학교에 가요.　　　我吃完早餐后去学校。

(2) 숙제를 하고 잠을 자요.　　　我做完作业后睡觉。

문법 해설

1. -아/어서

与动词、形容词、名词连用，是表示理由或依据的连接词尾。

(1) 배가 <u>아파서</u> 약을 먹었어요.   我肚子疼，吃了点药。

(2) 떡볶이가 <u>매워서</u> 못 먹어요.   辣炒年糕很辣，我吃不了。

2. 못 ~

与动词一起使用，表示没有能力或无法按照主语的意志实现某种行为。

(1) 저는 운전을 <u>못해요</u>.   我不会开车。

(2) 바빠서 <u>못</u> 쉬었어요.   太忙了，不能休息。

1. -아/어 보다

与动词连用，表示把前面的话所表现的行为当作一种尝试，或者表示之前经历过前面的话所表现的行为。

(1) 이 주스를 한번 <u>마셔 보세요</u>.   请尝尝这个果汁。

(2) 저는 한복을 <u>입어 봤어요</u>.   我穿过韩服。

2. -지만

与动词、形容词、名词连用，是对前面的话表示认可并附加与之相反或其他事实时使用的连接词尾。

(1) 비빔냉면이 <u>맵지만</u> 맛있어요.   拌冷面虽然很辣，但是很好吃。

(2) 말하기는 <u>쉽지만</u> 쓰기는 어려워요.   说起来容易，但写起来难。

제8과 지하철로 30분쯤 걸려요

1. (으)로

与名词连用, 是表示某事的手段或工具的助词。

(1) 버스로 왔어요. 坐公共汽车来的。

(2) 카드로 계산해 주세요. 请刷卡结账。

2. 에서 ~ 까지

'에서' 与场所名词连用, 是表示时间或空间的起点的助词。 '까지' 是表示时间或空间的终点的助词。

(1) 집에서 학교까지 지하철로 30분 걸려요. 从家到学校坐地铁需要30分钟。

(2) 여기에서 공항까지 시간이 얼마나 걸려요? 从这里到机场需要多长时间?

제9과 백화점에 언니 선물을 사러 가요

1. -(으)러 가다/오다

与动词连用, 表示为了做某事而移动到其他地方。

(1) 영화를 보러 갈까요? 去看电影吗?

(2) 밥을 먹으러 식당에 갔어요. 去餐厅吃饭了。

2. 무슨 ~ ?

用于名词前来询问该名词种类的疑问句。

(1) 무슨 음식을 좋아해요? 你喜欢什么食物?

(2) 무슨 책을 읽고 있어요? 你在看什么书?

제10과 청바지 좀 보여 주세요

1. -고

与动词、形容词、名词连用, 是罗列两种以上对等事实时使用的连接词尾。

(1) 제 친구는 재미있고 친절해요.　　　　我朋友既有趣又亲切。

(2) 아버지는 회사원이고 어머니는 주부예요.　父亲是公司职员, 母亲是家庭主妇。

2. -아/어 주다

与动词连用, 是表示帮助别人或提供支持的辅助动词。

(1) 한국말을 가르쳐 주세요.　　　　　请教我韩语。

(2) 저녁에 전화해 주세요.　　　　　　晚上请给我打电话。

文法と文型

제1과　　저는 일본 도쿄에서 왔어요

1. 에서 왔다

「-에서」は名詞について述語の動作が起こった場所を表す助詞である。

(1) 학교<u>에서</u> 공부해요.　　　　　　学校で勉強します。

(2) 시장<u>에서</u> 옷을 사요.　　　　　　市場で服を買います。

「-에서 왔다」の場合、「에서」は出発地点を表す。

(1) 저는 베트남 하노이<u>에서</u> 왔어요.　　私はベトナムのハノイから来ました。

(2) 그 사람은 미국<u>에서</u> 왔어요.　　　その人はアメリカから来ました。

2. 도

名詞について、名詞のものが他のものと同じか、他のものに含まれることを意味する助詞である。

(1) 친구가 한국말을 공부해요.　　　　友達が韓国語を勉強しています。

　　저<u>도</u> 한국말을 공부해요.　　　　私も韓国語を勉強しています。

(2) 저는 책을 샀어요.　　　　　　　　私は本を買いました。

　　공책<u>도</u> 샀어요.　　　　　　　　ノートも買いました。

제2과　　주말에 어디에 갔어요?

1. 에

時間を表す名詞について時間的な範囲を表す助詞である。

(1) 아침<u>에</u> 만나요.　　　　　　　　朝に会います。

(2) 지난 주말<u>에</u> 친구 집에 갔어요.　　先週末に友達の家に行きました。

2. –았/었–

動詞や形容詞について過去形を作る語尾です。語幹が「ㅏ、ㅗ」で終わるときは「-았-」がつかわれ、それ以外のときは「-었-」がつかわれる。ただし、「하다」用言の場合は「-였-」が使われる(하였- → 했-)。

語幹が「ㅏ、ㅗ」で終わるとき	-았-
語幹が「ㅓ、ㅜ、ㅡ、ㅣ」で終わるとき	-었-
語幹が「하-」で終わるとき	-였-

(1) 저는 어제 생일 선물을 받았어요. 　　私は昨日、誕生日プレゼントをもらいました。

(2) 저는 주말에 집에서 쉬었어요. 　　私は週末に家で休みました。

(3) 저는 어제 숙제를 했어요. 　　私は昨日宿題をしました。

제3과 　기숙사에서 생일 파티를 할 거예요

1. 하고 (같이)

名詞について誰かと一緒に何か行動・動作することを表す助詞である。「하고 같이」という表現でつかうこともできる。

(1) 친구하고 점심을 먹었어요. 　　友達とお昼を食べました。

(2) 어머니하고 같이 마트에 갔어요. 　　母と一緒にマートに行きました。

2. –(으)ㄹ 거예요

動詞について話者の計画や意志など を表す表現です。

(1) 저는 주말에 여행을 갈 거예요. 　　私は週末に旅行に行くつもりです。

(2) 마리는 오늘 학교에 올 거예요. 　　マリは今日学校に来るでしょう。

제4과　몇 시부터 몇 시까지 수업을 해요?

1. 부터 ~ 까지

「부터」は時間を表す名詞について時間的起点、開始時点を示す助詞で、「까지」は時間的終点を示す助詞である。「부터 ~ 까지」は時間の始まりと終わりを一緒に表すときにつかわれる。

(1) 9시부터 1시까지 수업을 해요.　　　　　9時から1時まで授業をします。

(2) 저녁 7시까지 일해요.　　　　　　　　夕方7時まで働きます。

2. –(으)려고 하다

動詞についてその動作・行動をする意図や意向があることを示す表現である。

(1) 대사관에 가려고 해요.　　　　　　　大使館に行こうと思います。

(2) 도서관에서 책을 읽으려고 해요.　　　図書館で本を読もうと思います。

제5과　자전거를 탈 수 있어요?

1. –(으)ㄹ 수 있다/ 없다

動詞についてその動作・行動が可能であることを表す表現である。否定形は「–(으)ㄹ 수 없다」である。

(1) 한국말을 할 수 있어요.　　　　　　韓国語が話せます。

(2) 내일은 바빠서 갈 수 없어요.　　　　明日は忙しくて行けません。

2. –고

動詞について前の動作と後ろの動作が順番に行われることを示す接続語尾である。

(1) 아침을 먹고 학교에 가요.　　　　　朝食を食べて学校に行きます。

(2) 숙제를 하고 잠을 자요.　　　　　　宿題をして寝ます。

문법 해설

1. –아/어서

動詞、形容詞、名詞について理由や根拠を表す接続語尾である。

  (1) 배가 <u>아파서</u> 약을 먹었어요.   お腹が痛いので薬を飲みました。

  (2) 떡볶이가 <u>매워서</u> 못 먹어요.   トッポッキが辛くて食べられません。

2. 못 ~

動詞と一緒に使い、その動作・行動をする能力がないか、主語の思い通りにならないことを表す表現です。

  (1) 저는 운전을 <u>못해요</u>.   私は運転できません。

  (2) 바빠서 <u>못</u> 쉬었어요.   忙しくて休めませんでした。

1. –아/어 보다

動詞について、その動作・行動を試してみたり、その動作・行動を以前経験したことを表す表現である。

  (1) 이 주스를 한번 <u>마셔 보세요</u>.   このジュースを一度飲んでみてください。

  (2) 저는 한복을 <u>입어 봤어요</u>.   私は韓服を着てみました。

2. –지만

動詞、形容詞、名詞について前の内容を認めながらも、それと相反するか異なる事実をつけ加えるときにつかう接続語尾である。

  (1) 비빔냉면이 <u>맵지만</u> 맛있어요.   ビビン冷麺は辛いけどおいしいです。

  (2) 말하기는 <u>쉽지만</u> 쓰기는 어려워요.   話すのは簡単ですが、書くのは難しいです。

1. (으)로

名詞について手段や道具を表す助詞である。

(1) 버스로 왔어요.　　　　　　　　　バスで来ました。
(2) 카드로 계산해 주세요.　　　　　　カードでお会計してください。

2. 에서 ~ 까지

「에서」は場所を表す名詞について、空間的起点、出発地点を示す助詞で、「까지」は空間的終点、到着地点を示す助詞である。「에서 ~ 까지」は出発地点と到着地点を一緒に表すときにつかわれる。

(1) 집에서 학교까지 지하철로 30분 걸려요.　　家から学校まで地下鉄で30分かかります。
(2) 여기에서 공항까지 시간이 얼마나 걸려요?　ここから空港まではどのくらいかかりますか?

1. -(으)러 가다/오다

動詞について何をするために移動するのか目的を表す表現である。

(1) 영화를 보러 갈까요?　　　　　　映画を見に行きますか?
(2) 밥을 먹으러 식당에 갔어요.　　　ご飯を食べに食堂に行きました。

2. 무슨 ~ ?

名詞についてその名詞の種類を尋ねる疑問文につかわれる。

(1) 무슨 음식을 좋아해요?　　　　　どんな食べ物が好きですか?
(2) 무슨 책을 읽고 있어요?　　　　　何の本を読んでいますか?

문법 해설

1. -고

動詞、形容詞、名詞について、2つ以上の対等な事実を列挙するときに使う接続語尾である。

(1) 제 친구는 재미있고 친절해요.　　　　　　私の友達は面白くて親切です。

(2) 아버지는 회사원이고 어머니는 주부예요.　　父は会社員で、母は主婦です。

2. -아/어 주다

動詞について、動作・行動を通して誰かを手伝ったり、力を貸したりすることを表す補助動詞である。

(1) 한국말을 가르쳐 주세요.　　　　　　韓国語を教えてください。

(2) 저녁에 전화해 주세요.　　　　　　夕方に電話してください。

저는 일본 도쿄에서 왔어요

어휘

1	대한민국	🇪 Republic of Korea 🇨 大韩民国 🇯 大韓民国、韓国
2	서울	🇪 Seoul 🇨 首尔 🇯 ソウル (韓国の首都)
3	일본	🇪 Japan 🇨 日本 🇯 日本
4	도쿄	🇪 Tokyo 🇨 东京 🇯 東京
5	중국	🇪 China 🇨 中国 🇯 中国
6	베이징	🇪 Beijing 🇨 北京 🇯 北京
7	태국	🇪 Thailand 🇨 泰国 🇯 タイ
8	방콕	🇪 Bangkok 🇨 曼谷 🇯 バンコク
9	미국	🇪 USA 🇨 美国 🇯 アメリカ
10	워싱턴 D.C.	🇪 Washington D.C. 🇨 华盛顿D.C 🇯 ワシントンD.C.
11	영국	🇪 U.K. 🇨 英国 🇯 イギリス
12	런던	🇪 London 🇨 伦敦 🇯 ロンドン
13	프랑스	🇪 France 🇨 法国 🇯 フランス
14	파리	🇪 Paris 🇨 巴黎 🇯 パリ
15	독일	🇪 Germany 🇨 德国 🇯 ドイツ
16	베를린	🇪 Berlin 🇨 柏林 🇯 ベルリン
17	할아버지	🇪 grandfather 🇨 爷爷 🇯 おじいさん・祖父
18	할머니	🇪 grandmother 🇨 奶奶 🇯 おばあさん・祖母
19	아버지	🇪 father 🇨 爸爸 🇯 お父さん、父
20	어머니	🇪 mother 🇨 妈妈 🇯 お母さん、母
21	형	🇪 elder brother (when the speaker is a male) 🇨 (男称) 哥哥 🇯 (年下の男性から) おにいさん、兄
22	오빠	🇪 elder brother (when the speaker is a female) 🇨 (女称) 哥哥 🇯 (年下の女性から) おにいさん、兄

23	누나	E elder sister (when the speaker is a male) / 中 (男称) 姐姐 / 日 (年下の男性から) おねえさん、姉
24	언니	E elder sister (when the speaker is a female) / 中 (女称) 姐姐 / 日 (年下の女性から) おねえさん、姉
25	동생	E younger sibling / 中 弟弟，妹妹 / 日 弟・妹
26	회사원	E office worker, employee / 中 公司员工 / 日 会社員
27	간호사	E nurse / 中 护士 / 日 看護師
28	요리사	E cook / 中 厨师 / 日 料理人、シェフ
29	주부	E housewife / 中 主妇 / 日 主婦

문법

1	어디	E where / 中 哪儿 / 日 (場所を尋ねる) どこ
2	만나다	E meet / 中 见面 / 日 会う
3	반갑다	E glad, happy / 中 高兴 / 日 (会えて) うれしい
4	영화	E movie / 中 电影 / 日 映画

5	케이 팝	E K-pop / 中 K-pop / 日 K-pop
6	수영	E Swim / 中 游泳 / 日 水泳
7	농구	E basketball / 中 篮球 / 日 バスケットボール
8	댄스	E dance / 中 跳舞 / 日 ダンス
9	과일	E fruit / 中 水果 / 日 果物
10	포도	E grape / 中 葡萄 / 日 ぶどう
11	딸기	E strawberry / 中 草莓 / 日 いちご
12	음식	E food / 中 饮食 / 日 食べ物
13	동물	E animal / 中 动物 / 日 動物
14	계시다	E be, stay / 中 (敬语) 在，正在，在 …着 / 日 いらっしゃる
15	배우다	E learn / 中 学，学习 / 日 学ぶ
16	좋아하다	E like / 中 喜欢，喜爱，爱 / 日 好きだ

대화

1 사귀다
- E get close to, make friends
- 中 交往, 交
- 日 付き合う

2 많이
- E many
- 中 多, 很
- 日 たくさん、多く

말하기

1 국적
- E nationality
- 中 国籍
- 日 国籍

2 고향
- E hometown
- 中 故乡
- 日 故郷、ふるさと

3 직업
- E job, occupation
- 中 职业
- 日 職業

4 대학생
- E university(college) student
- 中 大学生
- 日 大学生

5 축구
- E soccer, football
- 中 足球
- 日 サッカー

6 드라마
- E drama
- 中 电视剧
- 日 ドラマ

7 게임
- E game
- 中 游戏
- 日 ゲーム

듣기

1 브라질
- E Brazil
- 中 巴西
- 日 ブラジル

2 베트남
- E Vietnam
- 中 越南
- 日 ベトナム

3 호치민
- E Ho Chi Minh
- 中 胡志明
- 日 ホーチミン

4 홋카이도
- E Hokkaido
- 中 北海道
- 日 北海道

5 텍사스
- E Texas
- 中 德克萨斯
- 日 テキサス

6 아내
- E wife
- 中 妻子, 老婆, 太太
- 日 妻

7 운동선수
- E athlete
- 中 运动选手
- 日 運動選手、アスリート

8 오사카
- E Osaka
- 中 大阪
- 日 大阪

9 산책
- E walk
- 中 散步
- 日 散歩

10 주말
- E weekend
- 中 周末
- 日 週末

11 부산
- E Busan
- 中 釜山
- 日 釜山

12 시카고
- E Chicago
- 中 芝加哥
- 日 シカゴ

13 매일
- E everyday
- 中 每天, 每日
- 日 毎日

14 공원
- E park
- 中 公园
- 日 公園

15	여행	**E** travel, trip **中** 旅游 **日** 旅行
16	은행원	**E** bank clerk **中** 银行职员 **日** 銀行員

읽고 쓰기

1	BTS	**E** BTS **中** BTS **日** BTS
2	노래	**E** song **中** 歌, 歌曲 **日** 歌
3	동영상	**E** video **中** 视频 **日** 動画
4	콘서트	**E** concert **中** 音乐会 **日** コンサート
5	열심히	**E** hard, diligently **中** 努力 **日** 一生懸命、熱心に
6	공부하다	**E** study **中** 学习 **日** 勉強する

제2과   주말에 어디에 갔어요?

어휘

1	월요일	**E** Monday **中** 星期一 **日** 月曜日
2	화요일	**E** Tuesday **中** 星期二 **日** 火曜日
3	수요일	**E** Wednesday **中** 星期三 **日** 水曜日
4	목요일	**E** Thursday **中** 星期四 **日** 木曜日
5	금요일	**E** Friday **中** 星期五 **日** 金曜日
6	토요일	**E** Saturday **中** 星期六 **日** 土曜日
7	일요일	**E** Sunday **中** 星期天 **日** 星期天, 星期日
8	어제	**E** yesterday **中** 昨天 **日** 昨日
9	오늘	**E** today **中** 今天 **日** 今日
10	내일	**E** tomorrow **中** 明天 **日** 明日
11	지난주	**E** last week **中** 上周 **日** 先週

12	이번 주	**E** this week **C** 这周 **J** 今週	
13	다음 주	**E** next week **C** 下周 **J** 来週	
14	작년	**E** last year **C** 去年 **J** 昨年	
15	올해	**E** this year **C** 今年 **J** 今年	
16	내년	**E** next year **C** 明年 **J** 来年	
17	휴일	**E** holiday **C** 公休日 **J** 休日	
18	주말	**E** weekend **C** 周末 **J** 週末	
19	방학	**E** vacation **C** 放假 **J** (学校の) 長期休暇	
20	무슨	**E** what **C** 什么 **J** どんな、なんの	
21	요일	**E** day of the week **C** 星期 **J** 曜日	
22	몇	**E** how many **C** 几 **J** (数を数える時に) 何 (個、本など)	
23	년	**E** year **C** 年 **J** 年	

문법

1	시험	**E** exam **C** 考试 **J** 試験
2	언제	**E** when **C** 什么时候 **J** いつ
3	수업	**E** class **C** 讲课 **J** 授業
4	만화책	**E** comic books **C** 漫画书 **J** 漫画
5	파티하다	**E** have a party, party **C** 开派对 **J** パーティーをする
6	아주	**E** very **C** 很, 极, 非常 **J** 非常に、大変、とても
7	제주도	**E** Jeju island **C** 济州岛 **J** 済州島 (韓国の地域名)

대화

1	인사동	**E** Insa-dong **C** 仁寺洞 **J** 仁寺洞 (韓国の観光地)
2	전통차	**E** traditional tea **C** 传统茶 **J** 伝統茶

말하기

1	명동	**E** Myeong-dong **C** 明洞 **J** 明洞 (韓国の観光地)

2	쇼핑	🇪 shopping 🇨 购物 🇯 ショッピング
3	도서관	🇪 library 🇨 图书馆 🇯 図書館
4	시험공부	🇪 prepare for an exam 🇨 准备考试, 应考复习 🇯 試験勉強

듣기

1	남산	🇪 Namsan Mountain 🇨 南山 🇯 南山 (韓国の観光地)
2	쉬다	🇪 rest, take a break 🇨 休息, 休憩 🇯 休む
3	경복궁	🇪 Gyeongbokgung Palace 🇨 景福宮 🇯 景福宮 (韓国の観光地)
4	예쁘다	🇪 beautiful, pretty 🇨 漂亮 🇯 きれいだ、美しい
5	같이	🇪 together 🇨 一起 🇯 一緒に
6	살다	🇪 live 🇨 活, 生存 🇯 住む
7	구경하다	🇪 look around 🇨 看, 观看, 欣赏, 观赏, 参观, 游玩 🇯 見物する、観光する
8	만두	🇪 Mandu(dumpling) 🇨 饺子 🇯 餃子

읽고 쓰기

1	꽃	🇪 flower 🇨 花 🇯 花
2	나무	🇪 tree 🇨 树 🇯 木
3	걷다	🇪 walk 🇨 走 🇯 歩く
4	사진을 찍다	🇪 take a picture 🇨 拍照 🇯 写真を撮る
5	남산 공원	🇪 Namsan Park 🇨 南山公园 🇯 南山公園 (韓国の観光地)
6	하늘 공원	🇪 Haneul Park 🇨 天空公园 🇯 スカイパーク (韓国の観光地)

어휘

1	월	**E** Month **中** 月 **日** 月
2	일	**E** day **中** 日, 号 **日** 日
3	1월	**E** January **中** 一月 **日** 1月
4	2월	**E** February **中** 二月 **日** 2月
5	3월	**E** March **中** 三月 **日** 3月
6	4월	**E** April **中** 四月 **日** 4月
7	5월	**E** May **中** 五月 **日** 5月
8	6월	**E** June **中** 六月 **日** 6月
9	7월	**E** July **中** 七月 **日** 7月
10	8월	**E** August **中** 八月 **日** 8月
11	9월	**E** September **中** 九月 **日** 9月
12	10월	**E** October **中** 十月 **日** 10月
13	11월	**E** November **中** 十一月 **日** 11月
14	12월	**E** December **中** 十二月 **日** 12月
15	생일	**E** birthday **中** 生日 **日** 誕生日
16	초대하다	**E** invite **中** 邀请 **日** 招待する
17	선물하다	**E** give a present/gift **中** 送礼物 **日** プレゼントする

문법

1	데이트하다	**E** go out with, go out on a date **中** 约会 **日** デートする
2	점심을 먹다	**E** have lunch **中** 吃午餐 **日** 昼食を食べる
3	게임	**E** game **中** 游戏 **日** ゲーム
4	크리스마스	**E** Christmas **中** 圣诞节 **日** クリスマス

대화

1	기숙사	**E** dormitory **中** 宿舍 **日** 寄宿舍

2	생일 파티	**E** birthday party **中** 生日派对 **日** 誕生日パーティー

말하기

1	케이크	**E** cake **中** 蛋糕 **日** ケーキ
2	만들다	**E** make **中** 做(菜) **日** 作る
3	인형	**E** doll **中** 娃娃, 玩偶 **日** 人形
4	화장품	**E** cosmetics **中** 化妆品 **日** 化粧品
5	축하 카드	**E** congratulation card **中** 贺卡 **日** グリーティングカード

듣기

1	운동하다	**E** exercise, workout **中** 运动, 锻炼 **日** 運動する
2	비행기표	**E** flight ticket **中** 机票 **日** 飛行機チケット
3	노래방	**E** Noraebang(Karaoke room, singing room) **中** KTV **日** カラオケ

읽고 쓰기

1	저녁을 먹다	**E** have dinner **中** 吃晚饭 **日** 夕食を食べる
2	그날	**E** that day **中** 那天 **日** その日
3	꼭	**E** surely, certainly **中** 一定, 肯定, 必定 **日** ぜひ

어휘

1	시	**E** hour **中** 点 **日** 時
2	분	**E** minute **中** 分 **日** 分
3	한 시	**E** one o'clock **中** 一点 **日** 1時
4	두 시	**E** two o'clock **中** 两点 **日** 2時
5	세 시	**E** three o'clock **中** 三点 **日** 3時
6	네 시	**E** four o'clock **中** 四点 **日** 4時
7	다섯 시	**E** five o'clock **中** 五点 **日** 5時
8	여섯 시	**E** six o'clock **中** 六点 **日** 6時
9	일곱 시	**E** seven o'clock **中** 七点 **日** 7時
10	여덟 시	**E** eight o'clock **中** 八点 **日** 8時
11	아홉 시	**E** nine o'clock **中** 九点 **日** 9時
12	열 시	**E** ten o'clock **中** 十点 **日** 10時
13	열한 시	**E** eleven o'clock **中** 十一点 **日** 11時
14	열두 시	**E** twelve o'clock **中** 十二点 **日** 12時
15	반	**E** half hour, 30 minutes **中** 半(30分) **日** 半(30分)、半分
16	새벽	**E** dawn **中** 凌晨 **日** 夜明け、真夜中
17	아침	**E** morning **中** 早晨 **日** 朝、朝食
18	낮	**E** daytime, afternoon **中** 白天 **日** 昼
19	저녁	**E** evening **中** 晚上 **日** 夕方、夕食
20	밤	**E** night **中** 夜晚 **日** 夜
21	오전	**E** morning, a.m. **中** 上午 **日** 午前
22	오후	**E** afternoon, p.m. **中** 下午 **日** 午後
23	일어나다	**E** wake up **中** 起床 **日** 起きる
24	샤워하다	**E** take a shower **中** 洗澡 **日** シャワーを浴びる

25	요리하다	E cook 中 烹饪 日 料理する
26	숙제하다	E do one's homework 中 做作业 日 宿題をする
27	잠을 자다	E sleep 中 睡觉 日 寝る

문법

1	샌드위치	E sandwich 中 三明治 日 サンドイッチ
2	서점	E bookstore 中 书店 日 本屋、書店

대화

1	근처	E nearby 中 附近 日 近所

말하기

1	카페	E café 中 咖啡 日 カフェ

듣기

1	보통	E average, usual, normal 中 普通，一般 日 普通
2	앞	E front 中 前面，前方，前头，前边 日 (位置、場所を指して) 前

3	학생 식당	E school cafeteria 中 学生食堂 日 学生食堂
4	지난달	E last month 中 上月，上个月 日 先月
5	결혼식	E wedding ceremony 中 婚礼，结婚典礼 日 結婚式
6	호텔	E hotel 中 宾馆，饭店，酒店 日 ホテル
7	해운대	E Haeundae 中 海云台 日 海雲台 (韓国の観光地)
8	바다	E sea, ocean 中 海 日 海
9	한라산	E Halla Mountain, Mt. Halla 中 汉拿山 日 ハンラサン 漢拏山 (韓国の観光地)

읽고 쓰기

1	날씨	E weather 中 天气 日 天気
2	발표	E presentation 中 发表，公布 日 発表
3	말하기	E speaking 中 说，表达，表述 日 話すこと、スピーキング
4	연습	E practice 中 练习 日 練習

5	요가	**E** yoga **中** 瑜伽 **日** ヨガ
6	조금	**E** a bit **中** 一点儿, 稍微 **日** ちょっと、少し
7	피곤하다	**E** tired, exhausted **中** 疲乏, 疲劳 **日** 疲れる

어휘

1	구경하다	**E** look around **中** 看, 观看, 欣赏, 观赏, 参观, 游玩 **日** 見物する、観光する
2	산책하다	**E** take a walk **中** 散步 **日** 散歩する
3	기념품	**E** souvenir **中** 纪念品 **日** 記念品、おみやげ
4	맛집	**E** famous(must-visit) restaurant **中** 美食店 **日** 美味しい店、人気のレストラン
5	사진을 찍다	**E** take a picture **中** 拍照 **日** 写真を撮る
6	공연	**E** performance **中** 演出, 表演 **日** 公演
7	남산서울타워	**E** Namsan Seoul Tower **中** 南山首尔塔 **日** 南山ソウルタワー (韓国の観光地)
8	성수동	**E** Seongsu-dong **中** 圣水洞 **日** 聖水洞 (韓国の地域名)
9	삼청동	**E** Samcheong-dong **中** 三清洞 **日** 三清洞 (韓国の地域名)
10	코엑스몰	**E** Coex Mall **中** COEX商场 **日** コエックスモール (韓国の観光地)
11	홍대 입구	**E** Hongik University Entrance **中** 弘益大学入口 **日** 弘大入口 (韓国の観光地)

12	경치	**E** Scenery **中** 景色 **日** 景色、風景

문법

1	한글	**E** Hangul, Korean alphabet **中** 韩文 **日** ハングル
2	부르다	**E** sing **中** 唱 **日** 歌う、呼ぶ
3	피아노를 치다	**E** play the piano **中** 弹钢琴 **日** ピアノを弾く
4	수영하다	**E** swim **中** 游泳 **日** 泳ぐ
5	운전하다	**E** drive **中** 开，驾驶 **日** 運転する
6	약속	**E** promise **中** 约定，约好 **日** 約束
7	아르바이트	**E** part time job **中** 打工，做工 **日** アルバイト
8	손	**E** hand **中** 手 **日** 手
9	씻다	**E** wash **中** 洗，洗涤，洗刷 **日** 洗う
10	끝나다	**E** finish **中** 结束 **日** 終る

대화

1	자전거를 타다	**E** ride a bike **中** 骑自行车 **日** 自転車に乗る
2	가끔	**E** sometimes **中** 偶尔 **日** たまに
3	서울숲	**E** Seoulsup Forest **中** 首尔林 **日** ソウルの森 (韓国の観光地)

말하기

1	유명하다	**E** famous, popular **中** 有名 **日** 有名だ
2	전주	**E** Jeonju **中** 全州 **日** 全州 (韓国の地域名)
3	한옥 마을	**E** Hanok Village **中** 韩屋村 **日** 韓屋村 (韓国の観光地)
4	한라산	**E** Halla Mountain, Mt. Halla **中** 汉拿山 **日** 漢拏山 (韓国の観光地)
5	등산하다	**E** hike, climb **中** 登上，爬山 **日** 山登りをする、山に登る
6	말	**E** horse **中** 马 **日** 馬
7	속초	**E** Sokcho **中** 束草 **日** 束草 (韓国の地域名)
8	호수	**E** lake **中** 湖 **日** 湖

9	대관람차	Ⓔ Ferris wheel, observation wheel Ⓒ 大缆车 Ⓙ 大観覧車
10	생선회	Ⓔ sliced raw fish Ⓒ 生鱼片 Ⓙ 刺身
11	다낭	Ⓔ Da Nang Ⓒ 岘港 Ⓙ ダナン
12	스노클링	Ⓔ snorkeling Ⓒ 潜水 Ⓙ スノーケリング

3	춤을 추다	Ⓔ dance Ⓒ 跳舞 Ⓙ 踊る
4	박수를 치다	Ⓔ clap Ⓒ 鼓掌 Ⓙ 拍手する

듣기

1	스키를 타다	Ⓔ ski Ⓒ 滑雪 Ⓙ スキーをする、スキーで滑る
2	스케이트를 타다	Ⓔ skate Ⓒ 滑冰 Ⓙ スケートを滑る
3	신문	Ⓔ newspaper Ⓒ 报纸 Ⓙ 新聞
4	기타를 치다	Ⓔ play the guitar Ⓒ 弹吉他 Ⓙ ギターを弾く
5	갈비탕	Ⓔ Galbi-tang(short rib soup) Ⓒ 牛排骨汤 Ⓙ カルビタン

읽고 쓰기

1	대학로	Ⓔ Daehak-ro Ⓒ 大学路 Ⓙ 大学路 (韓国の観光地)
2	거리 공연	Ⓔ street performance Ⓒ 街上演出 Ⓙ 路上ライブ

제6과	비빔냉면은 매워서 못 먹어요

어휘

1	싱겁다	**E** bland **中** (味)淡 **日** 味が薄い
2	짜다	**E** salty **中** (味)咸 **日** しょっぱい
3	시다	**E** sour **中** (味)酸 **日** 酸っぱい
4	쓰다	**E** bitter **中** (味)苦 **日** 苦い
5	달다	**E** sweet **中** (味)甜 **日** 甘い
6	맵다	**E** spicy **中** (味)辣 **日** 辛い

5	약	**E** medicine **中** 药 **日** 薬
6	장미꽃	**E** rose **中** 玫瑰花 **日** 薔薇
7	늦다	**E** be late **中** 晚 **日** 遅い、遅刻する
8	일찍	**E** early **中** 早 **日** 早く
9	배가 아프다	**E** have a stomachache **中** 肚子疼 **日** お腹が痛い
10	비	**E** rain **中** 雨 **日** 雨
11	태권도	**E** Taekwondo **中** 跆拳道 **日** テコンドー

문법

1	티셔츠	**E** T-Shirt **中** T恤 **日** Tシャツ
2	창문	**E** window **中** 窗户 **日** 窓
3	열다	**E** open **中** 开, 打开 **日** 開く、開ける
4	머리가 아프다	**E** have a headache **中** 头痛 **日** 頭が痛い

대화

1	비빔냉면	**E** Bibim-naengmyeon (Spicy buckwheat noodles) **中** 拌冷面 **日** ビビン冷麺
2	물냉면	**E** Mul-naengmyeon (Cold Buckwheat Noodles) **中** 冷面 **日** 水冷麺
3	시키다	**E** order **中** 点(菜) **日** 注文する

말하기

1	길거리 음식	**E** street food **中** 街头食品 **日** 屋台の食べ物
2	닭꼬치	**E** chicken skewers **中** 鸡肉串 **日** 焼き鳥
3	순대	**E** Sundae(Korean Sausage) **中** 血肠 **日** スンデ（腸詰め）
4	호떡	**E** Hotteok(Sugar-filled Korean Pancake) **中** 糖饼 **日** ホットク
5	어묵	**E** Eomuk(fish cake) **中** 鱼糕 **日** 練り物、さつまあげ
6	핫도그	**E** corn dog, hot dog **中** 热狗 **日** ホットドッグ
7	붕어빵	**E** Bungeoppang(fish-shaped bun) **中** 鲫鱼饼 **日** たい焼き
8	무슬림	**E** Muslim **中** 穆斯林 **日** ムスリム
9	돼지고기	**E** pork **中** 猪肉 **日** 豚肉

듣기

1	일	**E** work **中** 工作 **日** 仕事
2	테니스	**E** tennis **中** 网球 **日** テニス

3	배드민턴	**E** badminton **中** 羽毛球 **日** バドミントン
4	오토바이를 타다	**E** drive a motorcycle, get on a bike **中** 骑摩托车 **日** バイクに乗る
5	일하다	**E** work **中** 工作 **日** 働く
6	돈가스	**E** Dongaseu(pork cutlet) **中** 炸猪排 **日** とんかつ
7	된장찌개	**E** Doenjang-jjigae(Korean soybean paste stew/soup) **中** 大酱汤 **日** テンジャンチゲ、味噌チゲ
8	반찬	**E** side dish **中** 小菜 **日** おかず
9	값	**E** price **中** 价, 钱 **日** 値段
10	싸다	**E** cheap, low-priced, affordable **中** 便宜 **日** 安い

읽고 쓰기

1	기다리다	**E** wait **中** 等, 候, 等待, 等候 **日** 待つ
2	삼계탕	**E** Samgye-tang(Chicken soup) **中** 参鸡汤 **日** 参鶏湯
3	양	**E** quantity **中** 量, 分量, 数量 **日** 量

어휘 목록

제7과 떡볶이가 맵지만 맛있어요

어휘

1	밥	**E** rice **中** 米饭 **日** ご飯
2	국	**E** soup **中** 汤 **日** 汁物
3	반찬	**E** side dish **中** 小菜 **日** おかず
4	숟가락	**E** spoon **中** 勺子 **日** スプーン
5	젓가락	**E** chopsticks **中** 筷子 **日** 箸
6	비빔밥	**E** Bibimbap **中** 拌饭 **日** ビビンバ
7	불고기	**E** Bulgogi **中** 烤肉 **日** プルコギ
8	파전	**E** Pajeon **中** 葱饼 **日** ネギチヂミ
9	잡채	**E** Japchae **中** 什锦炒菜 **日** チャプチェ
10	김치찌개	**E** Kimchi-jjigae **中** 辛奇汤 **日** キムチチゲ
11	삼계탕	**E** Samgye-tang(chicken soup) **中** 参鸡汤 **日** 参鶏湯
12	찜닭	**E** Jjimdak(braised chicken) **中** 炖鸡 **日** チムタック（鶏の煮物））
13	떡볶이	**E** Tteokbokki(spicy/seasoned rice cakes) **中** 炒年糕 **日** トッポッキ

문법

1	입다	**E** put on **中** 穿 **日** 着る
2	갈비	**E** Galbi(seasoned/grilled ribs) **中** 肋排，排骨 **日** カルビ
3	춥다	**E** cold **中** 冷 **日** 寒い
4	따뜻하다	**E** warm **中** 暖和 **日** 暖かい
5	어렵다	**E** hard **中** 难 **日** 難しい
6	비싸다	**E** expensive **中** 贵 **日** （値段が）高い
7	무섭다	**E** scary **中** 怕 **日** 怖い
8	쉽다	**E** easy **中** 容易 **日** 容易だ、やさしい
9	야채	**E** vegetable **中** 蔬菜 **日** 野菜

대화

1	처음	**E** first **中** 首次, 第一次 **日** 最初、初めて
2	정말	**E** really **中** 真的 **日** 本当

말하기

1	볶음밥	**E** fried rice **中** 炒饭 **日** チャーハン
2	가격	**E** price **中** 价格 **日** 価格
3	깨끗하다	**E** clean **中** 干净 **日** 清潔できれいだ、整頓されている
4	사장님	**E** boss, owner **中** 老板 **日** 社長
5	친절하다	**E** kind **中** 亲切 **日** 親切だ

듣기

1	유람선을 타다	**E** get on a cruise **中** 乘游船 **日** 遊覧船に乗る
2	더럽다	**E** dirty **中** 脏 **日** 汚い
3	혼자	**E** alone **中** 单独 **日** ひとり

4	청바지	**E** jeans **中** 牛仔裤 **日** ジーンズ、ジーパン、デニム
5	백화점	**E** department store **中** 百货商店 **日** デパート
6	배가 고프다	**E** hungry **中** 肚子饿 **日** お腹がすいた
7	라면	**E** ramen, instant noodles **中** 方便面 **日** ラーメン

어휘 목록

9	광화문	🇪 Gwanghwamun Gate 🇨 光化门 🇯 光化門 (韓国の観光地)
10	걸어서 가다	🇪 go on foot 🇨 步行 🇯 歩いて行く
11	출발	🇪 departure 🇨 出发 🇯 出発
12	도착	🇪 arrival 🇨 到达 🇯 到着
13	교통수단	🇪 transportation 🇨 交通方式 🇯 交通手段
14	소요 시간	🇪 required time, elapsed time 🇨 所需时间 🇯 所要時間

대화

1	얼마나	🇪 how, how much 🇨 多么 🇯 (時間や距離など) どれぐらい

말하기

1	북촌한옥마을	🇪 Bukchon Hanok Village 🇨 北村韩屋村 🇯 北村韓屋村 (韓国の観光地)
2	광장시장	🇪 Gwangjang Market 🇨 广藏市场 🇯 広場市場 (韓国の観光地)
3	DDP(동대문 디자인플라자)	🇪 DDP(Dongdaemun Design Plaza) 🇨 东大门设计广场 🇯 東大門デザインプラザ (韓国の観光地)

4	남산서울타워	🇪 Namsan Seoul Tower 🇨 南山首尔塔 🇯 ソウル南山タワー (韓国の観光地)
5	이태원	🇪 Itaewon 🇨 梨泰院 🇯 梨泰院 (韓国の観光地)
6	롯데월드타워	🇪 Lotte World Tower 🇨 乐天世界塔 🇯 ロッテワールドタワー (韓国の観光地)
7	승차	🇪 get on, get in 🇨 乘坐, 坐车 🇯 乗車
8	하차	🇪 get off 🇨 下车 🇯 下車
9	도보	🇪 walk, on foot 🇨 徒步 🇯 徒歩
10	나가다	🇪 go out, get out 🇨 出去 🇯 出る

듣기

1	여행을 가다	🇪 go on a trip 🇨 旅行, 旅游 🇯 旅行に行く
2	빠르다	🇪 fast 🇨 快 🇯 速い
3	김포공항	🇪 Gimpo International Airport 🇨 金浦机场 🇯 金浦空港
4	국립중앙 박물관	🇪 National Museum of Korea 🇨 国立中央博物馆 🇯 国立中央博物館 (韓国の観光地)
5	가깝다	🇪 close, near 🇨 (距离)近 🇯 近い

어휘 목록

6	청계천	**E** Cheonggyecheon Stream **中** 清溪川 **日** 清溪川 (韓国の観光地)
7	멀다	**E** far **中** 远 **日** 遠い
8	연남동	**E** Yeonnam-dong **中** 延南洞 **日** 延南洞 (韓国の観光地)
9	실례합니다	**E** Excuse me **中** 打扰一下 **日** 失礼します
10	에버랜드	**E** Everland **中** 爱宝乐园 **日** エバーランド

읽고 쓰기

1	돌아가다	**E** go back, return **中** 回去 **日** 帰る・戻る
2	여의도	**E** Yeouido **中** 汝矣岛 **日** 汝矣島 (韓国の観光地)

제9과 　백화점에 언니 선물을 사러 가요

어휘

1	백화점	**E** department store **中** 百货商店 **日** デパート
2	시장	**E** market **中** 市场 **日** 市場
3	마트	**E** mart **中** 超市 **日** マート
4	편의점	**E** convenience store **中** 便利店 **日** コンビニエンスストア
5	빵집	**E** bakery **中** 面包店 **日** パン屋
6	가게	**E** shop **中** 店铺 **日** お店
7	옷	**E** clothes **中** 衣服 **日** 服
8	모자	**E** hat, cap **中** 帽子 **日** 帽子
9	가방	**E** bag **中** 包 **日** カバン
10	신발	**E** shoes **中** 鞋 **日** 靴
11	화장품	**E** cosmetics **中** 化妆品 **日** 化粧品

12 채소	**E** vegetable **中** 蔬菜 **日** 野菜
13 과일	**E** fruit **中** 水果 **日** 果物
14 고기	**E** meat **中** 肉 **日** 肉
15 생선	**E** fish **中** 鱼 **日** 魚
16 과자	**E** snack **中** 饼干 **日** お菓子
17 음료수	**E** drink, beverage **中** 饮料 **日** 飲み物

문법

1 약국	**E** pharmacy **中** 药店 **日** 薬局
2 은행	**E** bank **中** 银行 **日** 銀行
3 환전하다	**E** exchange **中** 换钱 **日** 両替する
4 고양이	**E** cat **中** 猫 **日** 猫
5 한식	**E** Korean food **中** 韩餐 **日** 韓国料理
6 일식	**E** Japanese food **中** 日餐 **日** 和食

7 양식	**E** Western food **中** 西餐 **日** 洋食
8 힙합	**E** hip hop **中** 嘻哈 **日** ヒップポップ
9 발라드	**E** ballad **中** 抒情歌 **日** バラード
10 트로트	**E** Trot song **中** Trot **日** トロット

말하기

1 외국인	**E** foreigner **中** 外国人 **日** 外国人
2 쇼핑하다	**E** shop, do the shopping **中** 逛街 **日** 買い物する
3 시내	**E** downtown **中** 市内 **日** 市内
4 면세점	**E** duty free shop **中** 免税店 **日** 免税店
5 전통 시장	**E** traditional market **中** 传统市场 **日** 伝統市場
6 할인	**E** discount **中** 优惠, 打折 **日** 割引
7 매장	**E** shop, store **中** 卖场 **日** 売店、売り場
8 물건	**E** product, item **中** 物品 **日** 品物

어휘 목록

9	식료품	E groceries 中 食品 日 食料品
10	액세서리	E accessories 中 饰品 日 アクセサリー
11	전자제품	E electronics 中 电子产品 日 電化製品
12	아이돌	E Idol, boy/girl band 中 偶像 日 アイドル
13	굿즈	E goods, merchandise 中 周边 日 グッズ
14	종류	E kind, sort, type 中 种类 日 種類
15	장소	E place 中 场所 日 場所
16	이유	E reason 中 原因 日 理由

듣기

1	오랜만이다	E long time no see 中 好久不见 日 久しぶりだ
2	사과	E apple 中 苹果 日 リンゴ
3	운동화	E sneakers 中 运动鞋 日 運動靴、スニーカー
4	길	E street, road 中 路, 道, 道路 日 道

읽고 쓰기

1	가로수길	E Garosu Street 中 林阴道 日 カロスキル (韓国の観光地)
2	-층	E floor 中 层 日 一階
3	CD	E CD 中 CD 日 CD
4	장	E counting unit for thin flat objects(paper, pictures) 中 张 日 一枚
5	팔다	E sell 中 卖 日 売る
6	블랙핑크	E BLACKPINK 中 BLACKPINK 日 ブラックピンク
7	주문하다	E order 中 订购, 订货 日 注文する
8	안	E inside 中 内(内部) 日 中

어휘

1	티셔츠	**E** T-shirt **中** T恤 **日** Tシャツ
2	점퍼	**E** jumper, jacket **中** 夹克 **日** ジャンパー
3	바지	**E** pants **中** 裤子 **日** ズボン、パンツ
4	스커트	**E** skirt **中** 裙子 **日** スカート
5	구두	**E** shoes, heels **中** 皮鞋 **日** 靴
6	운동화	**E** sneakers **中** 运动鞋 **日** 運動靴、スニーカー
7	옷을 입다	**E** put on clothes **中** 穿衣服 **日** 服を着る
8	신발을 신다	**E** wear one's shoes **中** 穿鞋 **日** 靴を履く
9	모자를 쓰다	**E** wear one's hat **中** 戴帽子 **日** 帽子をかぶる
10	벗다	**E** take off **中** 脱 **日** 脱ぐ
11	디자인	**E** design **中** 设计 **日** デザイン

12	예쁘다	**E** pretty, beautiful **中** 漂亮 **日** きれいだ、美しい
13	멋있다	**E** stylish, nice **中** 好看 **日** 格好いい
14	색깔	**E** color **中** 颜色 **日** 色
15	밝다	**E** bright **中** 亮 **日** 明るい
16	어둡다	**E** dark **中** 暗 **日** 暗い
17	가격	**E** price **中** 价格 **日** 価格
18	싸다	**E** cheap, affordable **中** 便宜 **日** 安い
19	비싸다	**E** expensive **中** 贵 **日** (値段が) 高い

문법

1	길다	**E** long **中** 长 **日** 長い
2	짧다	**E** short **中** 短 **日** 短い
3	전화하다	**E** call **中** 打电话 **日** 電話する
4	가르치다	**E** teach **中** 教, 教授 **日** 教える

5	돕다	**E** help **中** 帮, 帮助 **日** 手伝う
6	소개하다	**E** introduce **中** 介绍 **日** 紹介する
7	보여 주다	**E** show **中** 展示 **日** 見せる
8	계산하다	**E** pay **中** 计算, 结账 **日** 会計する、計算する
9	쇼핑백	**E** shopping bag **中** 购物袋 **日** 紙袋、買い物袋、ショッピングバック
10	넣다	**E** put **中** 放进 **日** 入れる
11	포장하다	**E** pack **中** 打包 **日** 包装する
12	잠깐만	**E** just a moment **中** 暂时 **日** 少しの間

대화

1	손님	**E** guest **中** 客人 **日** お客さん
2	이쪽	**E** this way **中** 这边 **日** こちら

말하기

1	하얀색	**E** white **中** 白色 **日** 白色

2	까만색	**E** black **中** 黑色 **日** 黒色
3	파란색	**E** blue **中** 蓝色 **日** 青色
4	빨간색	**E** red **中** 红色 **日** 赤色
5	노란색	**E** yellow **中** 黄色 **日** 黄色
6	직원	**E** employee, staff **中** 职员 **日** 職員
7	찾다	**E** find **中** 找, 寻求 **日** 探す
8	저쪽	**E** there **中** 那边 **日** あちら

듣기

1	귀엽다	**E** cute **中** 可爱 **日** かわいい
2	핸드크림	**E** hand cream **中** 护手霜 **日** ハンドクリーム
3	가볍다	**E** light **中** 轻 **日** 軽い
4	편하다	**E** comfortable **中** 舒服, 舒适 **日** 楽だ
5	마음에 들다	**E** be satisfactory to, be satisfied with **中** 喜欢 **日** 気に入る

6	전화번호	**E** phone number **中** 电话号码 **日** 電話番号
7	같다	**E** same **中** 一样 **日** 同じだ
8	카드	**E** credit card **中** 银行卡(信用卡) **日** カード

10	불편하다	**E** uncomfortable **中** 不便, 不方便 **日** 不便だ

읽고 쓰기

1	인터넷 쇼핑	**E** online shopping **中** 网上购买 **日** ネットショッピング
2	제목	**E** title **中** 题目 **日** 題名
3	작성자	**E** writer, author **中** 写作者 **日** 作成者
4	등록일	**E** posting date **中** 登记日 **日** 登録日
5	받다	**E** receive **中** 得, 收, 接收 **日** 受ける
6	바로	**E** immediately, right away **中** 就, 即 **日** すぐ
7	발	**E** foot **中** 脚 **日** 足
8	더	**E** more **中** 再, 还, 多 **日** もう
9	보내다	**E** send **中** 送 **日** 送る

어휘 색인

어휘 색인

집필

이영숙
(현) 한양대학교 국제교육원 명예교수, 문학 박사
(공저) 〈한양 한국어 1, 4〉, 〈법무부 사회통합프로그램 이민자를 위한 한국어와 한국문화 1, 2, 3, 4〉

조자현
(현) 한양대학교 국제교육원 교수, 문학 박사
(공저) 〈한양 한국어 3, 4〉

김윤진
(현) 한양대학교 국제교육원 교수
(공저) 〈한양 한국어 2, 5〉

우주희
(현) 한양대학교 국제교육원 교육전담교수
(공저) 〈한양 한국어 4〉

개정판

빨리 배우는 한국어 2
Quick Korean

2판 1쇄 발행 2024년 2월 29일

지은이 한양대학교 국제교육원
펴낸이 박영호
기획팀 송인성, 김선명, 김선호
편집팀 박우진, 김영주, 김정아, 최미라, 전혜련, 박미나
관리팀 임선희, 정철호, 김성언, 권주련
펴낸곳 (주)도서출판 하우

주소 서울시 중랑구 망우로68길 48
전화 (02)922-7090
팩스 (02)922-7092
홈페이지 http://www.hawoo.co.kr
e-mail hawoo@hawoo.co.kr
등록번호 제2016-000017호

값 17,000원
ISBN 979-11-6748-122-1 14710
ISBN 979-11-6748-120-7 (set)

＊ 이 책의 저자와 (주)도서출판 하우는 모든 자료의 출처 및 저작권을 확인하고 정상적인 절차를 밟아 사용하였습니다.
　 일부 누락된 부분이 있을 경우에는 이후 확인 과정을 거쳐 반영하겠습니다.

＊ 이 책은 저작권법에 따라 보호받는 저작물이므로 무단 전재와 무단 복제를 금지하며,
　 이 책 내용의 전부 또는 일부를 이용하려면 반드시 저작권자와 (주)도서출판 하우의 서면 동의를 받아야 합니다.